创造人生好因缘

蔡礼旭 著

世界知识出版社

目　录

创造人生好因缘

一、学习老祖宗五千年的文化智慧

人生时时都在抉择

很高兴在暑假期间能跟这么多的同学一起，来学习我们自己老祖宗几千年的文化智慧。人生没有重来一次的机会，但人生却时时在做抉择，我们要下对人生的抉择，不然人生会有很多后悔。后悔后悔都是后面才悔，后悔没有用，因为不能重来。我们对自己人生的很多抉择，都要非常慎重地去判断。我们的判断力来自哪里？来自自己喜不喜欢吗？这样的人生是很危险的。还是来自自己的喜好，来自自己的脾气，来自自己的情绪？这都很难下对人生的抉择。我记得跟一些长辈谈话，他们那时候四十几岁、五十几岁都有了，他们说："唉，假如人生让我重来一次，我绝对不会犯那些错。"我也觉得很惋惜，但是人生不可能重来。所以假如下对人生的很多抉择，我们的人生会很无悔，甚至于会很坦荡、很踏实，这样的人生才有幸福可言。

好，问大家一个问题：假如您去看医生，您会看一个刚出道的医生，还是已经行医三十年的医生？诸位同学，现在要抉择了。（答：三十年。）三十年哦。您会去看一个行医三十年，甚至于他的祖上三代从医的。因为不只是行医的时候在积累，家庭的环境，父亲、祖父从事这个行业应该有的心境跟经验，他都在耳濡目染。所以古书上都说，你找一个中医师看，最好他祖上已经行医三代，这样比较保险。这都是我们古人很强调的，很多人生的经验、智慧是需要积累的。所以站在巨人的肩膀上可以看得更远，而这个巨人就是文化，就是宝贵的圣贤智慧，中华文化能绵延五千年不衰，一定不是偶然的。我们肯把这五千年的智慧好好地学习，我们是站在五千年智慧之上，人生一定可以走得更宽广，下对很多抉择。

恭敬心创造人生的好因缘

我们在这个时代成长、学习、读书，其实对自己文化的吸收、涉猎比较少。大家有没有听过“不学礼，无以立”？我们应该比较有印象。这句我们都背过了，有没有用在我们的生活当中？学问要用在生活当中才会受益，才会得到利益。所以经历很多事情，就会深刻感受到父母的恩德。因为父母给我们很多人生重要的态度，而且不是用言语告诉我们，是用身教来启发我们。随着我们的成长，那个身教的力量让我们不断观照自己的心境跟做人做事的态度，真的都深受父母影响。所以年龄越大越感恩父母对我的教导，让我从小养成有礼貌的态度。只要有长辈到我们家里，我一定都会到他们跟前问安、行礼。不管在忙些什么，我一定会放下手边的工作到他们面前说：“叔叔好！阿姨好！伯伯好！”诸位同学，有这个习惯的举手？你们都挺客气的，请放下。礼貌重不重要？很重要！很可能就在帮我们创造人生的好因缘。

记得好多年前，我到澳洲学习。《弟子规》里有句教诲叫“事诸父，如事父；事诸兄，如事兄”。我们面对别人的父母，也要像面对自己的父母一样礼敬、恭敬；面对他人的兄长、长辈，也要像面对自己的兄长、长辈一样尊敬。当读到这一句，我们的内心也很感动。说实在的，当我们跟这些仁义道德相应的时候，自己也会觉得很舒服、很向往。当然学以致用，学了这一句要好好去用。那时候寝室里面住了很多长辈，我算是年龄比较小的，八九个人住在一起。其中有一位长辈姓卢，还有姓谭、姓陈的这些长辈。学了就要落实，所以我就问这些长辈的年龄，他们比我爸爸大，我马上说：“谭伯伯，您好！”“陈伯伯，您好！”一个鞠躬就鞠下去。好，诸位同学，你看这个躬鞠下去会不会起什么化学变化？

诸位同学，我们做每一个动作，我们的人生都在变化，但这个动作做下去，是起好的变化，还是起不好的变化？对哦，每一个动作都在影响我们的人生，大家不能小看人生的每一个细节。你看，我们当下也在影响我们的人生。假如我们很认真地听，可能这一两句都能给我们人生很大启示；但是假如实在撑不下去，开始打瞌睡了，那就会起不好的变化。为什么呢？因为这个时候就没有仁慈对人。因为你们打瞌睡，蔡老师就会觉得很难过，就会伤害我幼小的心灵。所以不只自己得不到一些启发，还会伤害像蔡老师这么善良的人。

不只会影响自己。告诉大家，打瞌睡会互相传染。我有一次到山东讲课，坐车坐了七八个小时，开车的人很辛苦。开车的是我们一位老师，他跟着我一起去。中途实在蛮困的，我就跟他说："我想先眯一下，就不能陪你了，很抱歉！"我眯了差不多十几分钟醒过来，看到旁边这位老师的表情突然为之一振，本来精神比较萎靡。这位老师若有所悟，他说："刚刚蔡老师你在睡的时候，我开车都快撑不下去了。"当我醒过来，他马上觉得精神很好。所以人跟人会互相影响，我们要给人好的影响，这个时候我们才有道义。我们给人不好的影响，那就对不起朋友了，是吧？有缘千里来相会，我们对每一个缘分都要有道义，十年修得同船渡，百年修得同桌坐，是不是？我们在一起上课都是很难得的因缘，这个时候不能打瞌睡，害得旁边的人都快撑不下去："我好想听，可是我快不行了。"所以这个时候我们认真地听，就是给所有人最好的榜样，就是在利益他人。

追求内心的喜悦

我们立身行道的过程，都在让自己提升，也在让整个社会越来越好，我们跟社会是不可分的。所以，为什么"学而时习之"可以"不亦说乎"？诸位同学，觉得这句话有道理的举手。喜悦在哪里？做了以后你会很舒服、很感动，那个快乐是从内心出来的，内在的喜悦。可是我们以前追求的乐，很可能不是从内心出来的。"让我去网吧打一个晚上我就快乐了，让我去吃一顿就快乐了"，真的去网吧打三五个小时，出来之后乐不乐？那是麻醉。内心很空虚，然后在电脑面前麻醉。其实当我们踏出网吧的时候，内心更空虚，我们大学的时候还跟同学说："哎呀，我们去high一下，去跳舞。"有没有？

哎呀，把我的底细都泄出来了。你看，以前还去跳舞。你说跳舞就会快乐，当跳完舞踏出舞厅的时候，快不快乐？空虚呀。不只不快乐，隔天腰酸背痛爬不起来，哪有快乐？所以我们对快乐要有正确的认知。当我们要从外在的刺激得到快乐，人生只会越来越空虚。真正的快乐是从内心出来的。

我还没学传统文化以前，价值观也是觉得追求外在物质的满足叫快乐。但是老祖宗告诉我们“欲似深渊”，欲望怎么可能满足得了？我们很冷静来看，现在的物质享受比二三十年前高得太多了，请问我们有没有变得更快乐？以前物质匮乏，但是人都会互相着想。家里买个西瓜，切开来，第一份给谁吃？“来，给爷爷奶奶端去！”小孩高高兴兴地端去了，行道快乐啊。再来，给隔壁家的伯伯、对面家的阿姨端过去，快快乐乐的。你看一个西瓜多少人乐啊！都是想到别人，人情味很浓。出门的时候，都不用担心家里遭小偷，你要把铁门拉下来，旁边的阿姨说：“哎呀，锁什么？我们帮你看就好了。”互帮互助，守望相助，相处起来彼此都觉得很和谐。我们小的时候父母不在家没关系，你到哪个长辈家里吃饭都没关系，都吃得很香，大家都很热情地招待。

甚至于有人要进城去，都会问问邻里乡党，问问邻居们：“你们需要什么？我帮你们买。”要拿钱给他，“不用了，买回来再拿就好了”。等他回到家，挨家挨户，“这个你的。”“啊，谢谢，谢谢，太感谢了！”改天另外一个长辈出去，都是这样互相帮忙，整个生活的氛围非常好。所以不是很有财富才会快乐，是时时都能为人着想，当下心灵就很健康、很快乐。结果现在不是了，这种气氛没有了。

我们一家可以买好几个西瓜自己吃，吃得乐不乐？反而不怎么快乐，因为欲望一直在增长。本来是整个乡里大家都很熟悉，见面都会互相问好，现在呢？墙都筑得很高，甚至在一个大楼里面，连对面住的人姓什么、叫什么都可能不知道。你看，当人与人没有那种关怀，没有那种互助，生活会越来越枯燥，所以现代人得抑郁症的怎么样？越来越多。所以整个社会的风气是不是对啊？我们有时候走着走着，要很冷静地观察一下、观照一下。当我们能够以仁爱去待人，不只我们自己会欢喜，整个家庭，还有整个班级，或者我们居住地的氛围，会因为我们而改变，会越来越好。

时时播撒仁爱的种子

我遇到一位研究生，他觉得其实《弟子规》还有《论语》这些教诲，我们当下就做得到。夫子在《论语》里面讲："仁远乎哉？我欲仁，斯仁至矣。"仁爱的德行很远吗？假如我肯去力行，它就在眼前。马上就能做，而且马上就能得到"学而时习之，不亦说乎"的快乐。你看这个"仁"字怎么写啊？中国的文字是全世界唯一能把人生的智慧显露出来的，唯一的文字哦。没有这么厚的民族智慧，不可能创造出这样的文明！所以我们在课堂上会讲到中国的文字，我们真的从文字都觉得中国的文化博大精深。"仁"是会意字，左边是"人"，右边是"二"，两个人，给我们的启发就是自己跟他人，想到自己也应该想到别人。这就是"仁"字。

这位同学去上课，教学大楼的门挺重的，所以每次他开了门，会有一个习惯，他会往后看一看。因为这个门打开挺费力的，假如刚好有同学来，他就顺便帮他们开开门，让他们先进来。诸位同学，你们有没有这样的经验？有哦，这都是很好的习惯。这个同学能时时想到别人，他人生的福分、善因缘，都在这个动作当中积累了。福田靠什么？靠自己的心去耕。很多同学都受到他这样的礼遇、帮忙，但他觉得那是举手之劳，也没有放在心上。有一天他走在校园里，突然下了大雨，他没有带雨伞，所以就赶快跑着要去躲雨。结果，有人拿着一把雨伞走过来，帮他撑伞。他觉得有点讶异，看看那个人，好像不认识。对方就说了："我认识你，但是你可能不认识我。"接着又说："有一次我去上课，就是你帮我开门的。"你看，那份为人着想的心就像一颗种子，它种在土里，有一天会怎么样？一定会开花、结果。

所以他那颗仁爱的心不只滋润了自己，还滋润了无数被他帮助的人。那是不是在利益自己、利益学校呢？有没有利益这个社会呢？其实我们当下都能为家庭、为社会做出贡献，但是印象当中，我们什么时候为家庭、为社会做出过贡献？很可能都是想等我长大以后，我就怎么样怎么样，是不是？"爸爸，等我长大了，我一定买好房子给你住。"我觉得这个话不保险，假如当下这份对父母的关怀跟照顾都提不起来，能保证十几年后提得起来吗？当我们现在对社会的需要都提不起那份付出，真的踏入社会了，能时时奉献社会吗？这都是值得我们思考的问题。

好吃的东西先给谁？

河南有一个小孩四岁半，他学了《弟子规》。《弟子规》里面有句话叫“或饮食，或坐走，长者先，幼者后”，就是吃东西的时候，走路或者要坐下来的时候，这些生活的细节，都是长者优先，我们年龄比较小，“幼者后”。你看我们现在拿到好吃的东西，先想到谁啊？我有一次到秦皇岛讲课，大家知不知道秦皇岛在哪里？都不太知道。在河北，当初秦始皇派人去求长生不老药，就是在那里。那个时候我们一百多人一起交流，我就问大家：“当你拿到好吃的东西，首先想到谁？”坐在第一排正中间的男士，年龄差不多三十岁，想都没想就说：“赶快吃下去。”隔了三四排有一个太太，四十来岁，她想了一下，说：“给我孩子吃。”最后面的一位老者，七十来岁，她说：“给父母吃。”

诸位同学，哪个人讲得有道理啊？很可能我们没有看过这些经典，但事实上纵使没有看过，也有良知，也能感受到一些道理。那些很暴躁的人，当他看到别人很恭敬，当他看到孝子，感不感动？他还是感动啊，是吧？那些习惯很不好的人，你对他很恭敬，他高不高兴？他也很高兴啊，是吧？你倒茶的时候都会想到他，给他一杯，他都很高兴啊！我们都知道老太太讲得有道理，但我们想一想，谁的学历最高？前面这个男士大学毕业，后面那个老人家可能一字不识。好，诸位老师，请问谁有文化？这个问题这么难吗？你看，事实就摆在我们眼前，很高的学历，不代表受很高的教育。现在着重的是知识、技能传授，并不是道德修养的提升，而真正能利益我们的是道德修养，进一步能利益家庭、社会。

什么是“文化人”？

夫子在《易经》当中讲到一句话：“观乎人文，以化成天下。”“人文”就是处世待人的表现，他的表现足以感化人民向善，这才是有文化的人。我们每天接触那么多大众，有没有让大众提起善心？还是当大众看到我们这些年轻人，都在那里摇头，“啊，我们的下一代不能靠他们了”？那我们就不是文化人。这些长辈看到我们尊重老人，“哎呀，我们的国家、民族很有希望”。所谓“有文化”，我们要认识清楚。真的，当我们没有学习这些经典，没有学习这些做人处世的道理，不能算是有文化的人。

而这个孩子四岁多，他已经学了这一句，“或饮食，或坐走，长者先，幼者后”。有一天他坐公车，车上已经客满了，他坐在后座。上来一个老人家，这个小孩学了马上就用，说：“爷爷，您往后面走，这个位置给您坐。”一个四岁多的孩子，“扑通”从他的座位上下来，让这个老者到后面坐，假如你坐在前座，你要怎么样？

你看，人的善心马上被点燃。老人家还没往后走，已经有四五个人站起来让座。从那一刻开始，只要有老人上来，前面的人都把座位马上让给老人。你看，这个孩子有没有利益社会？有。利益多久？一个人真心做出来的行为，利益是长长久久。我在想：假如我刚好坐在那辆车上，看到老人赶快让座，不然会觉得很不好意思。人家四岁多都做得到，我还做不到？甚至于往后的人生，只要我坐在车上，有老人上来了，我没有起身，可能那个孩子就会向我招手：“叔叔，您不记得我了吗？”你看，他的人生就在利益跟他有缘的人，真的啊！

我们有一个学生，小学三年级，学了《弟子规》以后，“恩欲报”，时时记住别人的恩德，“怨欲忘”，不跟人家计较。有一次刚好爷爷生日，全家出去庆祝，围了一个很大的圈，“来来来，吃饭了”。这个孩子学了马上用，恭恭敬敬在那里念念有词。旁边的这些长辈本来筷子都拿起来，都要夹下去，看他那么专注，把筷子收回来了。你看，当一个人在做道义的事情，他人的欲望都会收回来，对他肃然起敬：“这个孩子在干什么？”大家没动筷子，等他念完一段话，就好奇地问：“你刚刚在做什么啊？”这个小朋友说：“因为这个食物得来不易。”“一粥一饭——”这句话你们有没有听过？“一粥一饭，当思来处不易；半丝半缕，恒念物力维艰。”你们没有听过，不能怪你们。我以前也没听过。

我记得那时候写作文很吃力，因为这些传统文化的熏习太少，我只背了几句，其中有一句叫“不经一番寒彻骨，哪得梅花扑鼻香”。因为我背得太少了，所以不管是写抒情文，还是论说文，还是什么文，一定会把这一句写进去，真的是“书到用时方恨少”。而且这一句话，不能只是在写作文的时候出现，不能只是在考试的时候出现，更重要的是在我们的人生力行出来。你看这个孩子学了，他马上做。

我们很冷静地去看，大家都知道要节俭、勤劳，但是现在到大专院校的餐厅去看，有盘子里面吃得一干二净，一个饭粒都没有的吗？你见过这样的同学没有？我们自己有没有做这样的示范？当我们拿去倒的时候，损自己的福，同时影响这个社会。这么讲有没有道理？“天下兴亡，匹夫有责。”这个概念，我们以前念，感不感觉得到？我们念“天下兴亡，匹夫有责”，所有的人都指到了，只有一个人没指到。

其实说实在的，当我们一根手指头指别人的时候，几根手指头指自己啊？三根。这个动作就是叫我们反求诸己啊。少要求别人，多要求自己，这是智慧，“严于律己，宽以待人”。我没学《弟子规》以前刚好颠倒，严于律人，宽以待己。自己一犯错，马上想起来：“人非圣贤，孰能无过？”这样人家一定很不服气，你学一大堆道理都要求别人，人家看到你就气得牙痒痒。

所以你看这个小孩，他告诉大家，一粥一饭来得不容易，都是父母、长辈辛劳赚钱，我们才有这样好的生活。他吃饭以前都是“感谢父母养育之恩，感谢老师辛勤教导，感谢同学关心帮助，感谢农夫辛勤劳作及所有付出的人”，那顿饭好不好吃？那顿饭吃下去都是感恩的心，他的智慧跟福分同时在怎么样？在增加。

德行随时有进退

诸位同学，学如逆水行舟，随时都有进退。我们的学问有进退，我们的福分有进退，我们的社会信用有进退。我们的表现是越来越赢得别人的信任，还是不被信任？再来，还有我们的人际关系、人和，都有进退。我们有这种观照的敏感度，各个方面就能够提升，而不是后退。所以你看，这个孩子在吃饭的时候，他的心量都在扩宽，他讲完以后，所有的家人都很感动，都肃然起敬。

举这几个例子，最主要就是说，其实修身、齐家、治国、平天下，当下都能够去尽一份力。只要我们是真正以礼待人，以仁慈待人，以道待人，都能产生这样的效应。

刚刚我们讲到的研究生，他就已经在利益他的学校，把互相关怀的风气带起来。所以我们每天睁开眼睛就期许自己：我能给家庭什么好的影响？我能给学校什么好的影响？从今天开始，学一句，我们就好好用一句。不然，学了不用，进步还是退步？不进则退。你看，为什么我们小学的时候很听话，讲什么都去做？为什么读到大学了，很多好的东西跟我们讲，反而不能马上去做？因为我们增加了很多知识跟头衔。可是没有力行，傲慢会怎么样？会慢慢增长。所以《弟子规》当中讲到学习，对我们启发很大，“不力行，但学文”，学了不好好地去做，背了一大堆“子曰子曰”，结果一句也没用上，这样会造成什么？长我们的浮华，长我们的傲慢。“长浮华”，就“成何人”啊！

刚刚跟大家提到了，我小的时候养成礼貌的习惯，后来读到夫子讲的“不学礼，无以立”，也很有感触。当我们以礼待人，在团体当中能立足，会得到很多助力。所以当我给这些长辈，给谭伯伯鞠躬的时候，我自己很高兴。谭伯伯笑着说：“飞机飞了几万里，还这么难得，收了一个侄子。”因为飞到南半球澳洲，已经超过万里了。谭伯伯笑得很欢喜，我们之间就建立了一个善缘。接着我又跟另外一位长辈询问，他的年龄比我爸爸小，我马上恭敬地给他鞠个躬，说：“陈叔叔好！”结果突然另外一个长辈过来了，他说：“我也要当叔叔。”我也欢欢喜喜：“卢叔叔好！”你看，我给这几个长辈鞠躬，我的人生起了很大变化。因为卢叔叔曾经是雅马哈的总裁。

卢叔叔底下的员工好几万人，他给企业家上课，要几万块钱，都要算钟点费的。结果我们就一个很恭敬的态度，得到长者给我们的爱护，给我们的栽培。隔天下午刚好我一个人坐在那里，卢叔叔过来足足跟我聊了两三个小时，如何提升道德学问，如何成就事业，把他人生这些心得，跟我娓娓道来。我那时候真的有一种醍醐灌顶的感觉。我们很想学，我们不是不愿学，但是这些机会很难得。大家有没有听过张良？“汉初三杰”。你们不要考完历史全还回去了，那都很宝贵。历史就像一面镜子，能让我们察觉人生的不妥跟错误，这太重要了。

谦德之福

张良年轻的时候也很冲动，他曾经找大力士去刺杀秦始皇，因为他是韩国的贵族公子。结果没刺杀成，自己的命都差点丢了。后来一个偶然的机会，在一个地方遇到一个长者。那个长者可能认识他，觉得这个年轻人是可造之才，但是太浮躁了，所以就把自己的鞋子晃一晃，丢到桥下去了。他看着张良说：“帮我下去捡。”张良一想，非亲非故，不过看他是个老人家，算了，去帮他捡吧。张良把鞋子捡起来，老人说：“帮我穿上。”诸位同学，假如是你，你会怎么做？人生随时都有这些情境出现，是祸是福，都在你的一念之间。你会不会“我帮你捡就不错了，还叫我帮你穿上”？张良火气本来都快上来了，啊，算了算了，不要跟他计较。

你看，人把火气降下去，福就来了。张良真的亲自帮老人穿好。老人说，孺子可教，明天哪个时辰到这里来找我。隔天张良准时到了，结果老人已经在那里等了。老人说：“哪有让老人等的道理？五天之后再来。”张良想：这次不行，下次提早一段时间。五天后他提早到了，老人又在那里了。老人说：“五天之后再过来。”那一晚张良就不回家睡觉了，就在那里等，真的等到老人来了，传他一本经书，他的道德学问跟能力上升很快，最后成为“汉初三杰”。所以能屈得下身，能礼敬长者，人生才有福分降临。

当时卢叔叔把他这些很宝贵的人生经验告诉我，我真的很珍惜，句句都全神贯注地听。当长者讲完，我内心很感动啊！诸位同学，我那时想做一个动作，你们觉得是哪个动作？看你们的表情都没什么经验。我那时就有一个冲动，真的要跪下去感谢长者。所以我真的是跪下去，感谢他！整个十多年的求学生涯，我真的很想学，我不是不想学。我记得初中理化老师上课的时候告诉我们：“人不可以有傲气，但是不可以没有骨气。”听到这些话我都很感动，不是马上记在笔记上，是把它记在心上啊。甚至于上《岳阳楼记》，听到那一句“先天下之忧而忧，后天下之乐而乐”，也很感动。但是感动三十秒，黑暗就来了。所以真的“经师易得，人师难求”，我们那个感动还要通过这些智者引导，光明才能慢慢显发出来。我们很想学，但是机会很少遇到，所以遇到的时候，内心都是非常感激。当我跪下去，卢叔叔一下就把我拉起来，他的功夫很好，以前都学柔道，手脚灵活。他说：“使不得啊！”我们从这里了解到什么？有智慧的长者都非常谦虚。

诸位同学，当你们毕业之后，假如遇到某个人告诉你，某某委员我认识，某某部长我认识，他跟你第一次见面，就说他有多厉害多厉害，你要不要听他的话？保证这个人不是有道德学问的人。“满招损，谦受益”，谦卑的人才可能有道德学问。大家要冷静，很多年轻人出去找工作被骗了，有没有？你们听过没有？被一些公司骗了，都讲得天花乱坠。所以人生确实要有判断力，而我们从这些古圣先贤的智慧当中，就能提升判断力。

所以这个礼貌我们要从当下去力行。我有一次坐电梯遇到一位长辈，我首先问她：“请问您上几楼？”坐电梯会这么问的举手。请放下。你看，这是不是在敦亲睦邻？是哦，当下都可以做。我们不要在那里抱怨，“哎呀，世风日下，人心不古”，不要要求别人，先要求我们自己。那一声关怀的话说出去，对方会感觉到那份人情味，可能就从我们这一句关怀，慢慢这个氛围就扩展到整个社区。

结果我一问，这位长者跟我是同一层楼，我就跟她聊起来，然后我也跟她自我介绍。有没有同学第一次见到我的？好，那我要自我介绍一下。对啊，你不自我介绍，人家又不认识你，到时候会比较唐突。我姓蔡，礼貌的礼，旭日东升的旭。我就跟她自我介绍：“你好，我叫蔡礼旭。”结果她说：“你好，我叫丈母娘。”她听成“蔡女婿”。所以你看，这么一聊起来，跟这个长者就很有缘，有缘千里来相会。结果啊……

二、人生好因缘从心感来

伸出爱的双手

上节课提到，我跟这个长辈自我介绍之后，她也很风趣，她说她叫“丈母娘”。后来进一步了解，她的女儿跟我是同一个高中同一届的。我高中是念高雄中学，她女儿就是高雄中学音乐班的，巧不巧？所以，人生真是有缘千里来相会，真的很巧。虽然聊得很欢喜，但是有一个很大的遗憾，就是她女儿已经结婚了——人生不可以患得患失。从这件事我们感受到要珍惜彼此这份缘分，以礼待人。

记得有一次我坐电梯，这已经是一个习惯，有一个朋友推着一车货物要进来，我也是问他几楼，帮他按好。他跟我同一楼。到了楼层，我也自然地帮他按好，因为他双手不是很方便做其他动作。俗话讲送佛送上西，帮人也要帮到底。他走出电梯，结果不到几米的距离，突然停下来，把车推到一旁，回头看着我说："你先请。"你看当时我高不高兴啊？高兴。因为我们印证了圣贤人说的道理："爱人者人恒爱之，敬人者人恒敬之。"一个不认识的人都能够在这么短的时间之内，跟我们建立这么好的一种互动关系。当我们伸出爱的双手，整个世界都会开始改变。

今年过年，我是在庐江汤池过的，同仁和他们的家人都来过年，总共三百人。三百个人同时在餐厅吃饭好不热闹，像一家人一样。隔天我们就分好几批去拜年。现在过年还有没有出去拜年啊？那个人情味、过年的气氛越来越少。以前，这一年有些摩擦，有些不愉快，然后去拜年，鞠个躬："啊，算了算了。"旁边的人凑合凑合："哎呀，你们就别计较了。"两个人就尽弃前嫌。中国很多礼仪，都在调和人与人的关系。你看中秋节大家一起团圆，那种氛围就会把一些计较、不愉快放掉。

有容乃大

我们去拜年，沿路遇到人就鞠躬问好："新年好！"诸位老师，当你大年初一走在路上，突然有个人跟你说："新年好！"你会怎么反应？（答：新年好！）啊，真的吗？你看我们有时候去爬山，对面来人说："你好！"不敢相信他是在对我们说话。很有意思，我们去拜年的时候，碰到几种不同的情况。第一种，你跟他说："新年好！"他左看看右看看，不敢相信：你真的在问候我吗？然后他会突然反应："哦，你好。"这是一种情况，当他发觉是对他，受宠若惊，点点头。

再有一种，你跟他说："新年好！"他一点表情都没有。然后你再第二声："新年好！"他还是如如不动。诸位同学，我们遇到这样的情景会不会觉得很受伤？诸位同学，告诉你们一个事实：没有人能够真正伤害你，没有一个人能真正进入你的内心。那个伤害你的人到底是谁呀？你们怎么这么无辜地看着我？我刚刚讲的话应该挺有道理的吧。没有一个人能真正进入你的心灵，那么，那个伤害你的人到底是谁？你看那个很宽容的人，面对他人的无礼不只包容他，还可怜他，仁者无敌哦。有容乃大，根本不会跟人家对立，哪来的伤害？所以真正伤害自己的，是自己的人生态度跟价值观。

当人家不给我们回礼，我们就生气了，那是我们自己让自己难过，不是别人让我们难过。我们来看看这个"怒"，会意字，你看中国的文字无穷的智慧，上面一个"奴"，下面一个"心"，代表我们的心在生气的时候已经变成什么？变成奴隶。诸位同学，举一要怎么样？反三。举一隅，要以三隅反。这个"三"是什么意思？不是一二三，我们的传统文化，三、六、九表多的意思。这里“三”代表活学活用，要能把一个体会推到生活的方方面面去。

一个人发怒的时候变成奴隶了，一个人起贪心的时候有没有变成奴隶？一个人起傲慢的时候有没有变成奴隶？一个人人生道理想不通，净钻牛角尖的时候有没有变成奴隶？当我们的贪心不去除，当我们的坏脾气不去除，当我们的愚昧、钻牛角尖、固执己见不放下，都变成这些坏习性的奴隶。

放纵不是自由

那请问我们有自由吗？你看现在在那里谈我要自由，谁有真自由？我们年轻的时候，虽然我现在也还没老，年轻气盛的时候觉得自由是什么？我想怎么做就怎么做，这叫自由吗？这叫放纵啊。你说：“我可以负责任。”骗谁啊？年轻人能负什么责任？把自己的身体搞垮了，谁负责任？还不是父母给我们收拾残局。当我们放纵欲望了，男女关系没有一种礼节了，没有为对方着想，伤害彼此了，这个时候自己能负责吗？不也都是长辈、父母在帮我们收拾吗？那不是真正的自由啊！

近代受西方价值观的影响，我们有很多似是而非的想法。那些西方国家强调自由，请问他们的社会更好了吗？他们的犯罪率节节攀升，他们的离婚率节节攀升。当社会的离婚率越来越高，请问人有快乐可言吗？我们是从事教育的，好多的孩子为什么那么不快乐、有这么多不好的习惯？因为从小缺乏父母的关爱，父母离异了，整个家庭情况不健全。男女的结合不是我高兴、我要自由、我快乐就好了，是要对家庭、对社会负责任，这才是正确的观念。真正的自由，是不被自己坏的习性给左右。夫子说："从心所欲，不逾矩。"完全是自己本善的流露，对人都是孝悌忠信、礼义廉耻，那叫随心所欲，不逾做人的规矩。这才是真自由，真英雄。

你看佛家的大雄宝殿，大雄是大英雄，谁是大英雄？能够调伏、放下自己坏习性的人，是大英雄。很多西方人所谓的英雄，是在战争当中可以打胜多少场。法国觉得他们的英雄是谁？拿破仑。诸位同学，拿破仑是不是英雄？他为了自己的战绩打了多少场，死了多少人？我们古人讲："一将功成万骨枯。"这哪叫英雄？把自己想要的光荣建筑在多少人的流离失所之上，那不叫英雄。

我年轻的时候怎么样？好像是很久以前，很遥远。我以前没有遇到传统文化，假如在念初中的时候就遇到了，道德学问在那个时候就可以提升。人生总在遇缘不同，那时就误以为肌肉要一块一块的，所以我的目标就是肌肉一块一块的，这不是道德学问。后来，我真的是肌肉一块一块的，你们好像不相信的样子。高中的时候我们班男生腕力比赛，我是全班第一名，你们可以回去调查。导师看到我最后一场赢的时候，嘴巴张得很大，他不敢相信我这么苗条的人，力气那么大，逞强斗胜啊！

我跟一个男生五年级就同学了，一直到高中，现在都已经是快二十五年的老朋友了。那个时候我们两个骑着摩托车，要赶回去看《马盖先》。所以你看，人不能急，一急就出事。又下雨，一不小心骑到水沟里面去了，"扑通"。后面载着同学，掉下去的时候，他全身的重力加速度就压在我的胳臂上，所以我的左手断了。躺在水沟里，我也忘记了时空的存在，不知过了多久。同学跑到大马路上招车，招半天都招不到。那个时候我们感觉社会风气太重要了，社会风气不好会让一个人躺在水沟里很久。好不容易有人来帮忙，到了医院，把手接好了。那段时间我就变成大哥，因为衣服不用扣起来，断的那只手要露出来，那个样子很像大哥。

因为我臂力比较强，断了一只手，旁边的同学看机会来了："怎么样，怎么样？"跟我挑衅。后来我就忍不住了，人功夫不到，他一挑衅，"来吧"。手断了还要跟人家比赛，真是愚昧无知。那个时候也不知道，"身有伤"怎么样？"贻亲忧"。结果真的跟他比，还是我赢了。可我是怎么赢的？是"啊……"这样赢下来，一路哀号。我开悟了，我发现肌肉是连在一起的，右手用力的时候，左手的肌肉全部倾过来，痛死我了。你看好强成这个样子，痛了都不服输，还是把它压下去，然后回家痛几天。现在想起来都觉得很惭愧，那个时候就误以为这叫英雄。手断了，还在那里练单手伏地挺身。那个时候还念"不经一番寒彻骨"。

我高中还打羽毛球，也打得很凶，一直苦练。中餐吃完就去打，难怪现在胃不好。诸位同学，老来疾病都是壮年的时候造成的，现在不要太逞强，等你上了年纪，跟我差不多的时候就知道了。所以我们还是要了解"身有伤，贻亲忧；德有伤，贻亲羞"，要有这样的态度去面对我们的人生。那个时候对英雄的认知都不对，了解了调伏自己的习性才是大英雄，慢慢才有了正确的方向。

祸福都在存心中

以前逞强斗胜，考试患得患失，看隔壁的同学考得比我们高，“有什么了不起，运气好而已”。这样的态度对不对？看他考得比我们低，很高兴，拿着考卷在他面前晃两下：“哎呀，我昨天都没念，不小心就考得比你还高。”这叫什么？幸灾乐祸，落井下石。逞一时口舌之快是要付出代价的，大家看到代价没有？我这个长相，一看就是没福的人，瘦巴巴的。就是在这个心态、在这个刻薄的言语当中，把自己的福分都漏光了。我待会儿去把我的身份证拿来，我在小学六年级、初一的时候，其实还是白白胖胖的，慢慢地越来越没福。你们不相信吗？我一岁的时候还是很像弥勒佛的。所以祸福都在存心当中。

我大学毕业，一年左右换了快十个老板，我爸爸都看不下去了：“哇，你都可以去卖名片了。”诸位同学，告诉你们，没有福气，干什么都干不好，都不顺；有福气，干什么都很稳，很赚钱。福田靠心耕，“天无绝人之路”，虽然我很不顺，可是后来祖宗庇荫，遇到《弟子规》，遇到圣贤教诲，心境转过来了，命就改变了。还没学以前求什么都求不到，学了以后求什么都求得到。诸位男同学，不要听完这句话，心里想着求个女朋友。求什么想求得到，是要为社会大众求。假如是求一个贤妻良母，经营一个家庭，以后可以做世间的榜样，以后可以生出周公，生出周武王，这可以求得到。你是无私的心在求，就容易求得到，“命由我作，福自己求”。

念头一转，真的，好的因缘自己来。我痛定思痛，反省自己五六年来在社会工作的这些心境，还有所做的事情，然后开始调整态度，从自私转成替人着想。我跑到台东去，在一个山清水秀的地方住下来，很有意思，面对那个南横的路口，一望过去群山围绕，心静下来了。“知者乐水，仁者乐山。”当我们看到大海，看到大山，心灵很容易受触动。二十多年的人生就好像电影，一幕一幕就这样过去，也省察到很多错误的地方。

当人的心善良起来，好的缘就来；当人心很急躁，当人心自私自利，往往接到的就是不好的缘。为什么很多人被骗钱？除了社会风气不好以外，还有一个重点，很可能是我们自己有贪心。有一个老师，他有一次坐公车，下车时看到前面那个人一包钱掉地上，就很紧张地跑过去捡起来，冲上前去还给那个人。结果那个人就不理他，他说：“哎，你的钱啊。”这时有人走过来说：“他不知道他掉了，我们把它分了吧。”他说：“不行啊，那是他的钱。”然后又跑过去，那人又把他拉回来：“不用了，不用了，我们自己分了吧。”但是他家教很好，不占人家便宜，又拼命跑到前面去还给那个人。最后，那个人心不甘情不愿地把那包钱收回去。他回到家给父亲讲这个情况，父亲笑了。那个人的同伙要骗他，假如他贪念起来，可能就麻烦了，是吧？贪念起来，跑到旁边去分钱，可能就受到一些不好的影响。所以人没有贪念，这些恶缘也不会遇到。

找到人生的价值

人生好的机遇都是从心感来。我那时候就想着多学习这些教诲，以后可以服务社会，结果没多久，机会就来了。当地有一个老师生产，要休两个月的产假，结果我就到了台东池上乡的一所学校当代课老师。大家听过池上乡哦，不要一听就以为是便当。那里风景也很漂亮。

当时他们的老师来找我去当代课老师，我都没有心理准备，我说：“我没想过要当老师，你还是去找别人。”结果他找了半天又找不到，因为大部分的大学生都跑到大都市去了，没人愿意回故乡服务。本来是高中毕业就可以代课，那年的法令规定是大学毕业。你看，机会来了真的是跑都跑不掉。他又来找我，我心里想，不能拒人于千里之外，人家都已经这么辛苦地找了，就答应了。

教的是一年级的小孩，讲话我都得蹲下来跟他们讲，他们长得都还不到我的腰。有一次我发现一些蚂蚁死了，我把它们都埋好了，入土为安嘛，对人我们有这个仁慈心，对动物我们也有这个仁慈心。说到这里就很惭愧，小时候很顽皮，爬树上抓了一大堆金龟子，玩弄生命，那个都在折福。以前不懂，现在看到那些昆虫都祝福它们。

当我把蚂蚁都埋好了，那些一年级的孩子很可爱，过来问：“老师，你在干什么？”我说：“我在埋蚂蚁，让它们入土为安。”“哦。”这些孩子点点头。隔天我就看到两三个孩子围在那里很专注，我过去说：“你们在干什么？”他们说：“老师，我们在埋蚂蚁。”我很感动，小孩很天真，你叫他行善，他马上就去做。小孩是最能受教的。我突然感觉人生找到了一个很有价值的方向，我要去当老师。越小的孩子越能够接受这些善的教诲，因为他们很多坏习惯还没养成。

我做了决定，后来就到师资班参加补习。诸位同学，补习班几百个人要一起参加考试，这些同学是敌人还是朋友？我以前会把他们当敌人，但在补习班心态不一样了，变成朋友了，能帮他们多少，尽心尽力。所以我在补习班的时候，知道师长的教诲，要“学为人师，行为世范”。诸位同学，这八个字跟我们有没有关系？你说：“我又不是老师。”我们学习圣贤教育要重实质，不重外在的形式。“师”的实质是什么？“师”的实质是表率，是当榜样。

那个四岁半的孩子，他看到有老人上车马上叫道：“爷爷，您到后面来，我让您坐。”他是不是师？他是。当长辈到家里来了，他马上恭恭敬敬：“叔叔好，请穿拖鞋。叔叔，请这里坐。”然后端来一杯水：“叔叔，请喝茶。”他是不是表率？他是。诸位同学，你现在会接待客人吗？会接待客人的举手。请放下，我不再问了，因为我知道大家很谦虚。当我们连接待客人都不会，请问我们到公司，真正成为公司的一股力量了吗？当我们连这些最基本的礼仪都不会，可能是成事不足，败事有余啊。现在很多老板都在那里感叹：“我招这些高才生进来了，我还得给他培训怎么做人、怎么做事，我这儿都变补习班了！”甚至于还有年轻员工的父母跑来讲：“老板，你多包涵，我这个孩子从小惯坏了，你多包容包容他，多教导教导他。”把这里当学校，还找来跟老板沟通。假如你不能利益整个公司，老板可能就要把你给炒掉，炒鱿鱼了。总不能把公司变成职业培训所吧，这些都要会呀。

我有个同学是跳级生，厉不厉害？厉害加括号啦，考试的时候很厉害，真正处世待人的时候不见得派得上用场。有一次我去找他，临走的时候我说：“我回去了。”“哦。”继续干他的事，我只好很无奈地自己走。他爸爸就骂他了：“同学要回去了，不会送一下？”他说：“哦。”然后才起身。你看，研究所毕业都还不懂这些最基本的处世态度。《弟子规》有没有教我们接待朋友的礼仪？有。还有送客的礼仪，“过犹待，百步余”。真的，连这些最基本的都不会，那我们没有办法在人群当中立足，“不学礼，无以立”。

三、施比受更有福

士大夫之无耻，是为国耻

我们上一讲讲到知识分子。“不耻身之贱，耻道之不行；不忧命之短，忧百姓之穷”，我们在整个历史上，看到很多读书人的榜样。大家一定都还记得宋朝的范仲淹，他确实是“先天下之忧而忧，后天下之乐而乐”，这就是读书人的胸怀，对社会、民族有责任感。当读书人都没有一种责任心，那这个社会就堕落得非常快。顾炎武说：“士大夫之无耻，是为国耻。”士大夫都不把天下当责任，社会的这些不好，他都不觉得羞耻，还只是追他的名，逐他的利，读书人都没有羞耻心，就麻烦了，整个社会可能都是见利忘义。我们的社会有没有往这个方向在走？这个时候我们要先醒过来。

中国，还有日本、韩国合作拍《孔子传》，主角很难抉择，最后决定由韩国人扮演孔子。诸位同学，这个算不算我们的耻辱？但为什么还是得选韩国人？因为什么？因为我们的气质很难选出适合的人选。人不可以无耻，“无耻之耻，无耻矣”。我们耻于自己的这些情况，才能够奋发图强，才能雪耻。我们感谢韩国人给我们的提醒，我们自己把圣贤、把祖宗的文化给忽略了。古圣先贤讲，五常是人的正常行为，我们现在有没有力行仁义礼智信？因为接触的大众比较多，有些情况我们听了都觉得很忧心。

现在很多年轻人的状况是什么？缺乏道德教育，他们的人生不知道会走成什么样子。有个孩子还不到二十岁，两年堕胎十三次，告诉他人说：“这可能创下吉尼斯世界纪录。”我们的仁慈心到哪里去了？那十三次是伤害谁啊？伤害自己的亲骨肉。

我们从这些社会现象，再来看经典《孟子》说的“男女授受不亲”，这是高度的智慧啊！当两性越来越开放，请问我们走向哪儿？走向不断地残害自己的亲骨肉。孔子讲：“夫孝，德之本也，教之所由生也。”一个人德行的大根大本是孝道，当我们舍弃了祖宗的智慧，我们连孝心都不见了，我们比不上动物的行为，连羔羊都懂得跪乳，乌鸦都懂得反哺。仁慈心要提起来，不能连父母都不关心，不能连自己的骨肉都伤害。

这一生是来奉献的

有一所小学的教务主任接受了《弟子规》的培训，听完很感慨，他念师范院校念了四年。诸位同学，有没有念师范院校的？你们要非常高兴地举手，因为你们都是幸福的人。像我就没你们那么幸运，我是念完大学才回来念师资班，绕了半天，终于找到自己想走的路，心生欢喜。我觉得这个教书的工作太好了，真正能利益学生、利益社会。我们这一生不是来掠夺社会资源的，我们是来奉献的。这样才有做人的味道，才有快乐。“施比受更有福。”

当我们毕业了，只想着一个月多赚多少钱，那样的人生格局真的没有快乐，没有那种内在的喜悦。走这条教育的路，能真正利益来这五天突然发觉，其实有很多人不抽烟，人家都做得到，我为什么做不到？”所以他五天把烟戒掉。后来我们又跟他接触，他说回去之后考验很多，旁边的人都说：“别假了，来，抽一支。”这是不是朋友的道义？当我们在那里跟同学说：“你还学《弟子规》？别假了，来啦来啦，跟我们一起打打麻将吧。”这是不是朋友的道义？这是无情无义！朋友在提升的时候，我们居然还要把他拉下来，我们够不够朋友？我们要够朋友，才能真正得到好朋友，才能真正遇到知己，才能遇到以道相交的好朋友。

第二，他说他这五天抄的笔记，超过他师范院校四年的笔记。你看那四年可不可惜啊？我们感受到什么？这个老师非常有教育使命感，可是人生在遇缘不同。他遇到了古圣先贤的教诲，感受到这些对学生利益很大，他的道义、仁义心被点燃，所以学习状态这么好，五天抄的笔记比四年还多！另外我们来思考，假如他在那四年遇到一个学长告诉他说：“哎呀，考上师范院校，这个人生很有意义。来，同学，你先听《弟子规》的课。”他那四年，黄金四年。从踏出师范院校起，他就在作育英才，在为国家奉献心力、培养栋梁。

诸位同学，你们现在也是人家的学长，可能是大二、大三、大四，请问大一的学弟进来的时候，我们曾经跟他说过什么？你们有没有告诉他：“学弟啊，你已经念到大学了，你知道家庭对你付出了多少吗？你知道国家、社会为了栽培我们，付出了多少人力、物力、财力吗？所以学弟啊，我们要好好利用这四年，好好学习，把能力、德行提升，大学毕业就能够利益这个社会？”有跟学弟这么讲过话的举手。你们都很客气。诸位同学，这才叫学长的道义呀！

还是你很慷慨地把学弟拉去吃冰，然后边吃边告诉学弟："学弟啊，我们解脱了，大学让你玩四年啊。"这是造口业，这是先入为主，都是错误的观念。我为什么那么清楚？我就是受害者。我很想学，大三有因缘去听了一些课，那个时候抄的笔记真的是远远多于之前；大四听演讲的笔记，那是一箱一箱啊。

学了很多健康的观念和做人的态度，我就找到一个泡沫红茶店，在红茶店的地下室摆了桌子。我问："学弟啊，可不可以去听我演讲？学妹啊，可不可以去听我演讲？"他们不敢说不，没办法，学长嘛，只好来听了。从三五个人开始讲，讲到他们口吐白沫，然后又醒过来，就是这样锻炼出来的。一场一场，我在大学四年级就开始把这些学到的东西跟他们交流，这样才无愧于我们当学长的这份因缘啊。

诸位同学，我们一张口就维系着整个社会的安定。你错误的观念会误导别人，对的观念会增进整个社会的力量。

这位教务主任很有爱心，但是，他都这么晚了才遇到这么好的经典。他回去之后从自己做起，又找了三个志同道合的同仁，一起来学习，一起来落实。没做几个月，他们教的学生表现得特别有礼貌，校长觉得奇怪，就去了解情况。一了解，原来他们学《弟子规》。校长马上下令，全校学生都要学《弟子规》，英语可以先缓一缓。做人是根本，是吧？不然学了几句英文，不会做人，回去问奶奶："奶奶，书本怎么讲？"奶奶说："我怎么知道？""奶奶，你怎么这么笨！"没德行，增长知识就变傲慢，要小心。

有个研究生已经毕业了，过年回到家里，妈妈给他交代一些事情，冰箱啊什么的，叫他处理一下。结果他没有做好，妈妈说："哎哟，这事就这么做啊，你怎么这么不小心，这么一点小事都没做好，笨手笨脚。"他马上回应："我都读到研究所了，你还骂我笨？"诸位同学，请问研究所给他什么？母亲的话都听不进去，连劝告都不能劝告，这么好的学习机会都不愿意接受。母亲说我们笨手笨脚，我们赶快学不就会了吗？所以《弟子规》这句"长浮华，成何人"，在求学过程当中对我们是很好的提醒。

了解经典真实义

这个校长的先生知道他们学校推《弟子规》，推经典。有一次他在报纸上看到有教授说《弟子规》不能读，《弟子规》有愚孝。同学们都读过《弟子规》了吧？没读过，今天回去要读一遍。读过的人一定了解，有没有愚孝？没有啊。父母有过失，要怎么样？要劝他们，"亲有过，谏使更，怡吾色，柔吾声"，态度要和颜悦色。从这里我们了解到，这个教授有没有看过《弟子规》？没有。这个是做人的态度，你的学术地位越高，你是公众人物，言语就要越谨慎，因为话讲错了，影响的面太大了。

一个高官假如告诉别人："我儿子已经成年了，他的行为跟我无关。"这是一个误导。教育是什么？上行下效。《说文解字》都把这个教字完全显现出来，左边两个爻，第一个爻是父母、老师、哥哥姐姐画的。有弟弟妹妹的举手，这个字也跟我们有关系。

你看，很多生活情境都在让我们体会人生。你们有没有见过这样的场景：两个小孩，哥哥在前面，弟弟在后面，哥哥讲什么话，弟弟马上就学他讲；哥哥跳几下，弟弟也跟着跳几下。你们有没有见过？有啊。长兄如父，哥哥教好了，弟弟也就教好了。我们父辈那个时代，生五个八个叫正常，只要大哥大姐是榜样，整个家庭兄弟姐妹都教得很好。同样地，一个学校里面假如学长学姐表现得好，整个氛围马上就变。

第一个叉是长辈、父母、老师画的，第二个叉是小孩画的，他最强的能力是模仿、效法。上行下效叫“教”，叫身教。我相信我们每个人都希望身边的人越来越好，所以，不是说当老师的人在教，每个人都在教别人，都在影响别人。

我们刚刚讲到人生的定位是“学为人师，行为世范”，这个叫表率，这个态度就是在教了。而且这个“世”，不只是当世，还可以生生世世为后人的榜样，这叫中国人的格局跟胸襟。这不是我编的，是真的，《中庸》告诉我们的，以前的读书人没有不读“四书”的。诸位，大家读过《大学》没有？你看一本书那么薄，把人生的道理都讲透了。

你看《中庸》，儒家的心法。《中庸》告诉我们：“动而世为天下道，行而世为天下法，言而世为天下则。”我们的起心动念，我们每一个举动，都能给世间当榜样来效法。行而世为天下的法则、标杆。“言而世为天下则”，我们古圣先贤讲的话真的是这样，像《尚书》，都是尧舜禹汤、文武周公平常跟人的谈话被记录下来，变成经典。这就是一个民族的气概、定位，还有存心。

人生的长情大爱

所以这个“教”跟每个人都有关系，而教当中最重要的是身教。“教”字以前的写法，右边是什么？一只手拿着一根树枝。做什么？提醒。诸位同学，你们有没有见过哪个人，讲一次就不再犯第二次？有的举手。有见过这样的人啊？哦，那一定要介绍我们认识，可能是颜回再来。颜回能怎么样？“不贰过”。这个不是普通人，待会儿私底下我们再联系一下。

刚刚跟大家聊这么多仁义礼智信，有人会说：奇怪了，蔡老师不是要跟我们谈“如何谈恋爱”吗？刚刚讲的统统都是为了谈恋爱，大家知不知道？谈长情大爱呀！夫妻的结合是为了整个民族的复兴，这个恋爱谈得够痛快，是吧？而且谈恋爱要读《论语》。你们都读过“为政以德，譬如北辰”，是不是？“居其所，而众星共之”。哦，我从这里开悟了，怎么追女朋友？就是这句话。“追”太没有本事了，你看追得多累，到最后又没追上，又患得患失，太痛苦了。真正的高手，你看布袋戏的高手，有没有动？都不用动，就像北极星就在那里，其他星星围着它，这就是最好的谈对象的方法。把自己擦亮，用德行来感，好的对象就过来了。假如没德行又一大堆坏习惯，不只是对象，甚至感来的朋友都是什么？酒肉朋友。而当你自己的光圈擦亮了，有德行了，狐群狗党找不找你？他看到你，摸着鼻子就走了。你感来的都是好的朋友。

有句格言对我们的人生很有启发，叫“以利交者，利尽而交疏；以势交者，势倾而交绝；以色交者，花落而爱渝；以道交者，天荒而地老”。我们现在决定走入婚姻，在找对象的时候，请问用什么标准？你看我们用利来跟人交往，这个利随时会变化，很可能这笔生意谈完就变成见面不相识了，反正我以后也不跟你做生意了。“以势交者”，因为我现在有社会地位，有好多朋友，还觉得自己很了不起，其实人家是看你有这个地位才跟你交往。等你没了这个地位，本来是门庭若市，最后变成什么？门可罗雀。

真正用利相交，到最后结局也不会好。历代很多官员心量比较狭窄的，会陷害忠良，他们怎么交呢？以利交，以势交。结局是什么？狗咬狗。他们在谋利的时候，表现得跟亲兄弟甚至父子一样，可是这个利一变化，翻脸不认人。所以当我们遇到朋友没道义，不能怪他，要回头反省，因为我们不是用道义在跟人家相交。

遇到境界能提起理智是真学问

所以人生就像照镜子一样，镜子就是我们遇到的一切人事环境、物质环境。镜子为什么会笑？因为照镜子的人笑。镜子为什么哭？因为照镜子的人哭。结果我们现在看到镜子在哭，对着镜子说：“你给我笑，你给我笑。”它笑不笑？它不笑嘛。当我们面对周围整个人事环境，要反观自省，是我们自己的问题，这是人生的真相。真理智的人不会责怪别人，不会抱怨别人，会反省自己，这叫明白人。所以孟夫子告诉我们：“行有不得，反求诸己。”

当我们不反省自己，抱怨的时候，请问我们的人生会越来越好，还是越来越差？当然会越来越差。可是，请问我们遇到这些境界的时候，能否掌握得了情绪？所以人生贵在有实学，真实的学问就是在遇到境界的时候，理智能提得起来，这样的学问才能够利益自己、利益别人。现在很多博士生离婚的，高学历，高离婚率。你看他学历那么高，但是遇到人生的这些境界，提不起理智，反而都是责怪对方，结果就越演越烈，不可收拾。

有位女士养了一只鹦鹉，这只鹦鹉咳嗽，她很心疼、很爱护这只鹦鹉，大江南北地跑，给这只鹦鹉治咳嗽。结果跑遍很多地方，还是治不好。有一天她坐在那里，有一点无奈，这时突然想到：哎，好像我也咳嗽。她是主人，她常咳嗽，鹦鹉最强的能力是什么？模仿。它模仿女主人咳嗽，结果女主人误以为是它咳嗽。原因在自己身上。

孟夫子讲的这句话非常有道理："爱人不亲"，你爱护人，感觉跟他的关系不是很亲，不是互相亲爱，"反其仁"，反省我的仁爱心还不够；"治人不治"，我今天当干部管理这个班级，但是他们都不听我的，"反其智"，反省我的智慧不够；"礼人不答"，我很有礼貌地去问候别人，结果他都不回应我，还很冷漠，"反其敬"，可能我的恭敬心还不够。

孟夫子接着讲："行有不得者，皆反求诸己，其身正而天下归之。"你自己做好了，身旁的人会被你的德行感动，这叫正己自然就化人。别人不能感动，反省自己，是我的德行还不够。这叫理智的态度。

前面跟大家讲到我们过年去跟人家行礼、问好，假如人家不回我们，我们反省自己恭敬还不够。甚至于问候了两三次，他还是冷漠地走过去了，我们不只没有生气，还感受到他很苦。现在这个社会，有时候冷漠大过关爱，所以大家都苦。有没有人一生下来就是张苦瓜脸？你们有没有去过婴儿房？有机会可以去看看。刚出生的小 baby，个个笑得都很灿烂、很天真。有没有人在窗外看，“哦，那个人是杀人犯；哦，那个人以后你给他打招呼很多次，他还很酷，都笑不出来”？我们冷静地去想，一个这么天真无邪的脸庞，最后为什么变成这样？他的内心，他的心灵经历多少挣扎、苦难。

诸位同学，你遇到个性很不好、很凶、很无礼的同学，你要可怜他。他在一两岁的时候这么天真，为什么最后变成这样？很可能他的家庭给他很多伤害，没有得到爱，慢慢他就变得冷漠，变成自私、可恶之人，必有可怜之处。我们今天有好的家庭，有好的人生际遇，要去体恤很多苦难的人，要“悯人之凶”。

婚姻是成就彼此的人生

真的，我在读高中的时候，听到有同学的父母离婚，觉得不可思议。因为我们整个家族，我所有的叔叔、姑姑，夫妻相处从来没有争吵，我没有看到那种夫妻的不和谐，更何况是离婚！我觉得这样叫夫妻，所以后来听到同学的父母离婚觉得很难受。我记得小时候还有一句话叫“爸爸回家吃晚饭”，我说：“奇怪了，干吗要讲这句话？我爸爸都回家吃晚饭啊。”所以我很幸福，我在充满爱的家庭生活，很自然地都有这种关爱人的态度，都有这种孝悌的态度。也因为家里和谐，跟人相处都是这样的心境去爱人、去敬人。所以从小我们人际关系就没什么问题，跟人都可以和睦地相处，而这种处事的态度，真的都是父母的身教。“教”字，手拿着一根树枝，不厌其烦地提醒、叮咛，代表要有耐性。

很多年轻夫妻，或者年轻男女，有缘分一起走在人生的道路上，要走得长久，很重要的一点，要互相成就，成就彼此的智慧、人生，这就是道义。不是两个人相遇之后，学习都荒废了，彼此都沉沦，这是太没道义。而当这个缘分现前的时候，彼此都要有耐性。比方先生没有学过《弟子规》，没有学过传统文化，那你就多了一个大儿子，先生就是大儿子。大儿子好教，还是小儿子好教？太太假如没有学过传统文化，那你就多了一个大女儿。大女儿好教，还是小女儿好教？这个时候需要用耐性去爱护。

所以，不管你以后是当人家的长辈、当人家的上司，还是当人家的老师，任何一个角色，只要你提得起身教，提得起耐心，一定能够帮到身旁的人。当我们没有好的影响，一定是我们的身教跟耐性做得不好。别人没学好，先反求诸己，我没有做好的榜样。真的，这都是可以去印证的。

责任心影响你成就的大小

以前跟大家也有讲到，一个妈妈在校门口看到纸屑，勉强蹲下去捡，旁边的人都看着她，没人帮她捡。第二天过去了，第三天过去了，她坚持这样做。到第四天的时候，她的行为把人的善心点燃了，有两三个家长也蹲下来捡，最后有很多人一起捡，你看一个善的力量就带动起来。其实当他们在捡纸屑的时候，那是真正给孩子最好的教育。不然什么时候是教育？课本打开才是教育？当孩子踏出校门的那一刻，看到母亲对自己的学校这样爱护，孩子的责任心点燃了。

责任心对一个人重不重要？一个人的成就大小跟责任心成正比。今天的责任心是在一个城镇，很有可能成为镇长；时时想着整个县的人民的福利，可能成为好的县长；时时想着全国人民，可能成为影响全国的重要官员。而当一个人连家里的责任都不扛起来，说以后能当大企业家，我不相信。

古代有一个故事，不知道大家听过没有。有一个小孩，家里面很乱，他叔叔是个读书人，说："这么乱，你怎么不扫一扫？"这个小朋友回答说："我的手是来扫天下的。"他讲得有没有道理？你看一个小孩跟妈妈说，我以后是做大事的，这些小事我不做，妈妈可能还在那边偷笑，还在那边高兴。

叔叔说："你一屋都不能扫，还能扫天下？"整个房间乱七八糟的，以后可以当管理人员？我看是成事不足，败事有余。可能一个重要的契约，几千万的重要契约，要出发了，"完了，我放哪儿了？找不到"，所有人在那里等我们，可能这个场面就会出现。所以《弟子规》很重要，《弟子规》说："置冠服，有定位，勿乱顿，致污秽。"

从我们的身教做起

所以当我们去尽我们应尽的关怀、责任，就在影响自己的小孩，影响周围的人。我那时候去读师范学院师资班，想着同学好不容易聚在一起，难得的缘分，要很珍惜这个缘。我到了学校，同学还都没到，桌子统统是灰尘，因为过完了一个暑假。我马上想到，假如女同学穿着漂亮的衣服，走到桌子跟椅子前面，一定会露出很痛苦的表情。然后呢？拿出那张小小的面纸在那里"哎哟，哎哟"，是吧？这叫恕道，“夫子之道，忠恕而已矣”。你看这个“恕”字怎么写？如其心。我们有这个恕，就会主动地去帮助他需要帮助的。所以我赶快去找了一块抹布，把桌子都擦干净，每个同学进来都欢喜，都赶紧坐下。

诸位同学，请问他们有没有收到我这份善意？人都以为被肉眼看到才是真的。错了，人的意念发出来，整个宇宙都收得到，这是真相。所以全班同学都跟我处得很好，包括男生。男生跟男生难免有点竞争，可是我都替他们着想，他们也都跟我很友善。我看到垃圾满了，早些去收拾好，拿了去丢。没多长时间，只要我再过去整理垃圾，同学就跑过去了：“我们来做一点，我们应该做的。”真的，我们不能影响别人，是我们身教没有做好。所以这个“教”字给我们很大启发。

刚刚跟大家讲到，公众人物讲话要负责任，那位教授没有读过《弟子规》，不能乱批评。先生给这个校长提到这件事，说：“你要小心哦，人家说不能读，小心乌纱帽会掉下来。”这个女校长说：“他有他的看法，我有我的责任。我的旁边就是一所初中，多少孩子寒暑假过后都去堕胎，我不希望我的孩子以后是走这样的路。”她有道义！要在小学的时候把孩子的正气立起来，懂得“身有伤，贻亲忧；德有伤，贻亲羞”，不会去走这样的路。这就是我们的仁心、道义。

后来他们做得很好，香港教育团体来广东，就是去参观他们学校，因为他们孝道推得很好。你看她修身又齐家，接着又治国、平天下。出去校外教学，旅行社在报纸上发表文章：“没见过这么有礼貌的学生，还会捡纸屑，保护环境！”所以我们不要小看一个人的力量，从自己，从自己的班级、社区，从居住的环境做起，功在社会，功在民族。

四、反省才会进入理智的状态

海外华人的学习精神

我们的潜力是非常大的，这三四年，每一年我都到马来西亚。马来西亚的华人同胞，他们一天学多久呢？大家猜猜看。他们一天学十个小时，老师一天也讲十个小时，当然不是我一个人讲，不然铁定垮了。我们带了兵马去，三个人轮流，早上七点半开始，上到十二点，下午一点到五点半，晚上七点半到九点半，总共是十个小时。上几天呢？四天，连续四天。其实应该是五天，是第一天的下午到第五天的早上，四十个小时。中午结束了，我回吉隆坡搭飞机，上课的地点到吉隆坡坐车还要八个小时。到了吉隆坡，七八点了，又叫我再讲两个小时，我真是服了他们那种学习的态度。

而这一次在八月初，我们代表庐江中华文化教育中心到了马来西亚，跟九百八十四所华人小学交流，他们要推展传统文化，他们非常珍惜祖宗的教诲、智慧。他们身处异乡，为什么能够发展得这么好？原因就在祖宗的这些教诲。他们的学习精神很让我们折服，也觉得很惭愧。

诸位同学，想不想破纪录？我还是不逼你们。因为做什么事要循序渐进，不然到时候有一个人“啪”地倒下去，就不大好。我们这一次一天上七个小时，寒假再上八个小时，慢慢加，慢慢突破。

反省自己才会进入理智的状态

早上我们听周老师这个健康的课程，这些课都影响我们一生。你看，“祸从口出”，诸位同学，你们有没有上过哪堂课，是说如何讲话，跟人和睦相处？有上过的举手。假如这堂课不上，我们很可能因为一句话讲不对而出事。翻开报纸，很多冲突闹出人命，为什么？口角。《弟子规》说“言语忍，忿自泯”，这是很重要的功夫啊！你看我们成长的过程当中，很多连上厕所都要一起的同学，到最后就因为两句话说不拢，三五年交情一下子反目成仇。这个时候是生气，还是借这个机会反求诸己啊？假如只有不满、只有怨恨，这个情况会在我们的人生当中一而再，再而三上演。

大家冷静去看，很多人交女朋友、交男朋友，结果处得不好分手了，他都把责任推给谁？推给对方。他想着“下一个会更好”，请问下一个会更好吗？可能越来越糟，因为福分都被自己给折了。中国有句话，是我们传统的教诲：“不可听一面之词。”大家都听过吧？我很有经验，夫妻或者朋友之间起了冲突，我们在跟先生聊的时候，你会觉得这个太太不像话；后来又遇到太太，听太太讲完，结论是什么？噢，你们开悟了，都会推了。这个时候谁讲得对？铁定都不对。都只看对方错，都不反省自己，这个方程式能解吗？无解啊。只有反求诸己，先检讨自己才有解，人跟人是相互的嘛。

《朱子治家格言》里面有一段话：“因事相争，焉知非我之不是，须平心暗想。”这些话我们读起来都觉得很受用，心比较能冷静下来。我们现在二十四小时，多少时间是理智的状态？这句话前面还有一句，叫“轻听发言，焉知非人之谮诉，当忍耐三思”，听别人在骂你的亲人、朋友，这个时候要小心，可能是谗言，谗言会让家庭、会让团体分裂。所以古人给我们人生很多叮咛：“谗言切莫听，听之祸殃结。”好多忠臣都是因为皇帝听谗言而被害；父子听谗言，“父听子当诀，夫妇听之离，兄弟听之别，朋友听之疏”。我们要很冷静的是什么？“来说是非者，便是是非人。”这都是人生智慧。这些我们不懂，真的会耗掉人生很多宝贵的精神、缘分。

所以当与人冲突的时候，先冷静想想我们有没有错。一个巴掌拍不响，只要冲突了，双方一定有错，只是错多错少而已。假如你错两分，他错八分，你说：“你错得多。”他会怎么样？“谁说的？”两个人就在那里咬着彼此的错，最后精疲力竭。

婚姻幸福的秘诀

有两对夫妻住对门，一对相敬如宾，非常和谐；另外一对是小吵天天有，大吵三六九，差不多每三天就来个大吵。大家要冷静，有时候习惯会成自然。吵习惯了，两三天没吵，“今天好像还有什么事没做？啊，还没吵架”。这样就很不理想。但是人都有希求幸福美满的愿望，看到人家这么好，这家的太太也很羡慕，看到四下无人，赶快跑过去请教。对面这家的太太说：“你们家都是好人，我们家都是坏人。”她听懵了：我们家都是好人，结果每天吵；你们家都是坏人，相处得这么好？

看她的表情，没听懂，这个太太就给她举了个生活中的例子。

比方今天我给先生倒了一杯茶，先生不小心把它给撞倒了。当下我觉得很不好意思，马上拿块抹布："哎呀，先生，对不起，对不起，我连杯子都没放好，害你给撞倒了，真抱歉！"边说边在那里收拾。先生也觉得很不好意思，说："哎呀，太太，都是我走路不小心，把你的一番心意给搞砸了，我来收，我来收。"两个人在那里抢抹布。诸位同学，这杯茶撞倒了，好事还是坏事啊？（答：好事。）你看那个气氛好不好？太太马上说："今天太难得了，我再去泡一杯更好的，我们今天好好聊一聊。"你看，真正能反省自己，不去要求对方。这样修为的人，遇到生活的这些状况，都能检讨自己，彼此反而会更加尊重、佩服对方。

你看很有修养的人，夫妻之间应该是越来越相互尊敬。父母在我整个人生过程当中，从来没有吵过架，我相信以后也不会。老夫老妻了，人家说："哎呀，你这个女儿不错啊！"妈妈就说了："那都像她爸爸。"假如爸爸听到了："那都像我太太。"都是肯定对方、感恩对方。你看那种氛围，真的，那种态度只会让彼此的关系——不管是朋友还是亲人——越陈越香。你看那个老太太老先生到了晚年，是真感情啊！大家有没有看过初一十五的一个广告——"老伴，明天吃素哦"？那个真情是历久弥新，时时都是为对方着想，都没有自己。

有个人说在中国，夫妻之间很辛苦，他举了一个例子：有一对夫妻，太太喜欢吃蛋黄，先生喜欢吃蛋白，结果太太一辈子都把蛋黄让给先生吃，先生这二三十年都把蛋白让给太太吃。他们一辈子都吃着自己不太喜欢吃的东西，你看多累！假如一开始就说"我就是喜欢吃蛋黄”“我就是喜欢吃蛋白”，不就解决了吗？你看中国的夫妻太累了。听他讲完，我觉得不累。当老夫老妻到了六十岁，有一天突然明白了：原来太太喜欢吃蛋黄，她却让我一辈子吃她喜欢吃的东西；原来先生让我一辈子吃他最喜欢吃的东西——那个心里的感动，请问是蛋黄蛋白好不好吃所能比拟的吗？心灵的升华，那才是长情大爱。

这一对夫妻，事做错了都是先反省自己。先生前一天晚上约见客户，名片放在衣兜里。隔天一大早，太太很勤劳，把衣服拿去洗，名片一洗糊掉了。先生醒过来：“啊，我的衣服怎么洗了？”然后马上冲过去:“有没有把名片拿出来？”太太说:“没有。”“你怎么搞的？那个客户很重要啊。”太太会怎么做？假如说“那你自己洗嘛”，可能就打起来了。这个时候太太马上九十度鞠躬，这个都是学《弟子规》真实的故事。“哎呀，抱歉，抱歉，我实在太不小心了，我下次一定注意。”太太这么一讲，一个巴掌拍不响。毕竟太太也是一份好意，再加上这么一鞠躬、一道歉，先生马上说：“没事了，没事了。”很多情境只要能反省自己，老祖宗告诉我们“各自责，天清地宁”。好日子从哪里来？从我们的这一念心境来，幸福在一念之间。

但那对吵架的夫妻就不一样了。同样的情境，这一杯茶被先生撞倒了，太太说：“你走路不长眼睛是吧？要喝自己去泡。”这个先生马上回应:“你这个女人，连杯茶怎么放都不会，你还能干什么？”你看，因为一杯茶，吵起来了。最后会吵成什么样？烽火点上了，会烧多久？烽火连三月，是吧？这么一烧，烧哪儿去了？现在一烧都烧法院去了，有没有？

婚姻是道义的结合

我们教书的人，最怕看到离婚率上升，它会有连锁反应。我们到监狱讲课也很多次了，里面的干警、领导都说到，犯罪的孩子超过百分之八十都来自不健全的家庭。因为缺乏爱的关怀，人格不能健全，又有很多诱惑出来，人生的路就走偏了。所以离婚率同时会带动犯罪率。一个社会犯罪率很高，请问这个社会有安定吗？有幸福吗？纵使再有钱、再有地位，也没有安全感。

结婚不是两个人喜不喜欢的事情，结婚是道义的结合，要对家庭、对宗族负责任，甚至对整个社会、民族负责任。大家有没有听过《礼记》这本书？你们都考上大学了，不好再问你们这个问题。有的高考结束，书包就从四楼丢下去了，全还了，到时候历史上的人物也都不认识了。“十三经”里面有一本叫《礼记》，《礼记》里面有一篇叫《昏义》，专门谈婚姻的意义。今天我们还不懂婚姻的意义，糊里糊涂就进去了，这叫因误解而结合，最后呢？（答：因了解而分开。）真了解了吗？说实在的，连自己都不了解，你还能了解别人？

“欲知人者先自知”，我们跟自己二十四小时朝夕相处都不了解，还能了解别人？老祖宗告诉我们：“物有本末，事有终始，知所先后，则近道矣。”我们要了解什么是根本，什么是枝末，不然会本末倒置；要了解什么先，什么后，不然先后顺序颠倒了，你整个道德学问跟家庭、事业做不起来。我们这些课程都是在了解本末先后。

故事还没讲完，烧到哪里去了？烧到法院去了。我们遇到过年轻夫妇去离婚，办事人员一看，这么年轻，结婚也没两三年，就问他们："你们俩为什么离婚？"两个人互相看一看："哎，当时是为什么吵架的啊？"为什么吵，忘了，但是那个火一点起来，所有的旧账怎么样？全翻啊。所有致命的话全搬出来，砰砰砰……当我们那个火气起来，就一直在那里想：哪句话可以让他一次毙命？那是最损自己福分的行为。你知道我为什么那么清楚吗？我以前都干过，今天在这里忏悔。

意气用事，不只会毁了自己的人生，你看多少婚姻最后毁掉的是谁？是彼此。两个人走入婚姻，是因为互相欣赏跟那份关爱；而结局是这样，没有人不痛苦的。更严重的是假如又有小孩了，那又影响下一代，很可能毁了下一代的人生。所以掌握情绪才能掌握未来，要有理智，不可以意气用事。

我们推展《弟子规》，推展传统文化，好多夫妻来听课，有些是已经离婚的。其中东北的一个太太刚离婚不久，孩子才一岁。你看一个嗷嗷待哺的孩子，父母已经离异了。而且说实在的，这个孩子才一岁，父母就离异，可能那个胎教影响很大。因为孩子在胎中吸收很快，好的坏的都吸进来，真的。看大家都没什么经验，不过要相信。有个妈妈怀孕期间喜欢打麻将，结果孩子生出来都不睡觉，只有听到打麻将的"锵锵"声才会睡着。这叫胎教，错误的教育。

还有脾气很大，往往在胎中就受了影响。人生要走得幸福，孩子一定要好养，闽南话说"有好子，老而无忧"。假如孩子没教好，也是很麻烦的事情，要高瞻远瞩，现在就要做准备了。要走向婚姻的都要有这样的见地，慢慢积累怎么经营家庭、经营事业的智慧。

这个太太离完婚，她的表姐把《弟子规》幸福人生讲座的带子送给她看。结果她当天晚上看到半夜，不到一个礼拜，四十集，四十个小时都看完了。从这里我们了解到，她愿不愿意学习？愿意啊。她希不希望离异？不希望。所以她是想学，但是没有遇到缘分。

四十集看完了，她反省自己，然后回到前夫那里。她一进门，公公婆婆跟先生吓了一跳：哎哟，她怎么又回来了？不知道会发生什么事情。她恭恭敬敬地给他们道歉，以前做得不对。先生觉得：我在做梦吗？太太突然变得这么客气、这么有德行，他一下子适应不过来，所以也没有什么反应，很冷淡。

诸位同学，假如你是那位女士，你都已经这么想改过了，这么想努力了，但是先生没什么反应，你会不会很难过？大家不要难过，面对这么好的事情，他们不能接受，谁造成的？是我们造成的啊。先生已经受尽煎熬，突然太平日子来了，“真的吗？我是不是在做梦？”所以一下子反应不过来。

当我们上完课回到家里，隔天起个大早，走进厨房做早餐给爸爸妈妈吃。爸爸起来看到你：“你怎么起那么早？”“要做早餐哪。”“你发烧了吗？”这个时候我们要想起孔老夫子说的“人不知而不愠”，我们做好事人家还不理解，一点都不会觉得难受。为什么？因为那些好事是我们本来就应该做的，不是为了别人的称赞。而当那一顿早餐真正端到父亲的面前，我相信男儿有泪不轻弹，但是遇到这种情况也会忍不住掉下泪来。

希不希望父母流下感动的泪水？你们怎么这么不配合？不过我也看到你们的优点，你们很老实，还不确定做得到的事情不轻易承诺，“事非宜，勿轻诺”，这也是《弟子规》的教诲。好，能不能做到？识时务者为俊杰，我还是不要再逼大家了，做任何事还是要从欢喜做出来，才会高兴，才会感动。但是，行孝要及时，我们不要让父母流伤心、担忧的泪了，要流感动、欣慰、光荣的眼泪。这才是尽为人子之道啊。

善的言行促进社会和谐

刚刚跟大家讲到夫妻的故事，大家不要说我还没结婚，这个故事跟我没关系。诸位同学，孔老夫子说举一隅要怎么样？以三隅反，要举一反三嘛，不然就变成书呆子了，要活学活用。这个反省的态度，父子之间应如是，领导跟被领导之间应如是，夫妻、朋友、兄弟之间亦如是，甚至于跟陌生人，我们都应该有这样的态度。你们有没有接过电话？对方打错了，你不耐烦地说："你打错了！"那个人说："真衰！"我们有没有破坏社会和谐？有。"天下兴亡，匹夫有责"，这句话很有道理，我们今天都是善念，都是善的言行，那是在促进社会和谐。

今天你很不高兴，踢了一只狗，结果那只狗跑去咬人，情绪会传染，你不知道？你这就是在破坏社会和谐。所以当别人打错电话了，你说："对不起，您打错了，您再好好看一下电话。"那个人说："对不起，对不起！"当他放下电话，觉得这个社会还是很有希望。你让一个人充满希望，说不定他今天想自杀，现在不自杀了。"救人一命，胜造七级浮屠"，这都不是假的。

我们有个朋友学了传统文化，他觉得"敬人者，人恒敬之"，当然首先要从自己开始。他以前都没有给保安问好，结果那天进了大楼，现学要现卖，学贵力行，学习最可贵的就是马上去做，他看着保安："你好，早上好！"那个保安不相信是跟他打招呼："噢噢。"第二次又遇到了："你好，早上好！"那个保安说："哎，你好，你好！"

第三次，他还没开口，那个保安说："你好！"你看，人跟人的那种尊敬就带动起来。过了几天，他下来散步碰到这个保安，保安就跟他聊："我本来想辞职，这个都市太冷漠了，都没人情味。不过最近你都跟我问好，我还是留下来，这个工作还是挺有意义的，还受到肯定。"真的，我们随时都在影响整个社区甚至社会。

立德，立功，立言

所以，一念之间天堂跟地狱出来了。你看两对夫妻，一对是"各自责，天清地宁"，一对是"各相责，天翻地覆"。我们看到这些教诲，慢慢地就能体会到我们曾经背过的孔门四科，孔子教学生四科：第一，德行；第二，言语。你看，这么重要的学问我们学过没有？怎么讲话，言语的态度，学过没有？刚刚不是学了吗？要点头，不然我会很受伤。再来，政事。管理众人之事叫政。最后是文学。从这里我们看到什么？人生是先德行而后言语。有德行才能服务大众，没有德行，败事有余，甚至祸国殃民。所以要先立德。有了德，再来立功。最后呢？立言。古人留下的这些文章，都是从他的德行跟功业实学做出来的，不是空想，这叫立言。所以，文以贯道，文以载道。现在很多书是我想说什么就说什么，我管它对不对，我觉得对就好。写文章没有对社会、没有对后世负责任的态度。大家冷静去看，这些畅销书能不能畅销很久？《老子》是全世界最畅销的书之一，因为它是真理，几千年不变。

好，我们人生的价值在立德、立功、立言。前面刚刚跟大家讲到祸从口出，言语要学。再来，病从口入。病从口入跟立功、立德、立言有没有关系？你没有好的身体，怎么去立功？以前我们看电视，有这样一句话："肝若好，人生就是彩色的；肝若不好，人生就黑白了。"谁的人生黑白了？不只是自己的，你身体不好，所有爱护你的人的人生可能都是黑白的。身体健康对我们的事业、家业很重要，也是在立德。德的根本是什么？"夫孝，德之本也"，孝顺是德行的根本。一个人不爱惜自己的身体，你说他有德行，我不相信。"身有伤，贻亲忧"，一个人在那里喝酒，在那里糟蹋自己的身体，他把父母放哪里去了？孟子告诉我们："事孰为大？事亲为大。守孰为大？守身为大。"人生的轻重缓急、本末先后要抓得到，哪件事是最重大的呢？侍奉父母，这是德的本，"事亲为大"。"守孰为大？守身为大"，这个"守"就是做人很有原则，最重要的，是守恒身体的健康跟名誉。所以《弟子规》这两句影响我们人生的成败："身有伤，贻亲忧；德有伤，贻亲羞。"

一个人一生最大的悲哀，古人说到三件事：幼年丧父或丧母，有的刚出生没多久，父母去世了；中年丧妻或丧夫；老年丧子，白发人送黑发人，父母在孩子灵前真的哭到肝肠寸断。诸位同学，这三件事有没有可能同时发生？我们没有爱护身体，人走了，小孩没人照顾，另一半又失偶，父母又白发人送黑发人。所以身体健康很重要。诸位同学，有没有信心不得癌症？要有信心。没信心什么都干不好，信心是一切成就的基础，“天下无难事，只怕有心人”。好，有没有信心？（答：有！）谢谢大家的配合！学了好好去用，真的就有真实的受用。

德的部分也很重要，不只要爱护身体，还要爱护德行。你身体不好，可能一个礼拜、两个礼拜住院，父母在那段时间非常着急。但德行不好，很可能一失足成千古恨，到时候所有的家人一辈子都抬不起头来。所以我们的品德修养要守住。我们的德行是父母的，我们的德行是孩子的，我们的德行是另一半的，都是一体。

某经济学院的院长，你看他的社会地位这么高，底下管那么多学生、教职员工，结果他贪色被抓到了，他的工作丢了。难道只是工作丢了吗？他的家人一辈子都抬不起头来。四十多岁能做到经济学院的院长，那也不是普通的功夫，这里面有父母以至于国家、社会给他的多少栽培，还有数以千计、万计的学生对他的信任、支持。一不小心没有好好地守住德行，真的是再回头已百年身，后悔都来不及了。

所以，诸位同学，我们面对整个社会，要有谨慎的态度，面对很多诱惑，要能够想起周敦颐那篇《爱莲说》。你们怎么很无辜地看着我？你们都读过的，要“出淤泥而不染，濯清涟而不妖，中通外直，不蔓不枝，香远益清，亭亭净植，可远观而不可亵玩焉”。我们是清净的莲花，不可以给人家随便糟蹋。当然，自己瞧不起自己，人家才会糟蹋你，自重而后人重。所以不要去抱怨别人不尊重自己，首先我们要看看自己有没有尊重自己。

顿悟的喜悦来自落实生活

刚刚提到这几句古话，“祸从口出，病从口入”，我们也常听到，“男怕入错行，女怕嫁错郎”。这些话我们都很熟，诸位同学，请问对我们的人生有什么样的启发跟帮助没有？你看，我们为什么学习没有快乐？抓到凶手没有？当学习跟生活脱节开来，你都用不上，哪来的快乐呢？哪来的那种顿悟的喜悦呢？学问都是做了以后会有感悟，会有提升，这个时候就有快乐了。好，我们好好地来感受一下这些句子对我们生命的启发。

我在大学听到几句话，那时我很喜欢听演讲，因为演讲者非常用心的时候，他可以把他几十年的人生经验浓缩成两三个小时，我们有好学的心就能得到很大的提携、助力。老祖宗告诉我们，福气在哪儿？福在受谏，一个人的福分在能接受别人的劝谏。接受别人好的教诲、叮咛，这个人是最有福的。当我们能接受五千年圣贤教诲，我们就是站在巨人的肩膀上。诸位同学，我们现在是全世界最幸福的人，可不能人在福中不知福。你看，全世界所有的古文明只剩下一个，哪一个？中华文明。其他都断了。请问这是偶然吗？是不是这些民族的老祖宗到神明面前抽签，抽到那一支不断的就不会断？哪是这个样子！我们祖宗的智慧是真理，而且可以看到千年、万年之后，高瞻远瞩，可以到这样的境界。

不只传的是事实真相、真理，而且祖宗又发明文言文，语言跟文字分开，这是高度的智慧。假如没有分开，那我们说什么就写什么。有位朋友离开故乡二十多年，当他回去的时候，故乡人讲地方话，他发觉很多遣词用语都已经听不大懂了，都得要解释一下。语言三十年就起一个小变化，三百年呢？那会是很大的变化，你就不知道三百年前的人写的是什么了。那一千年呢？那能不能传下来？传不下来了。所以祖宗发明了文言文。

现在全世界的古文明谁在研究？考古学家。历史上的那些象形文字，埃及、两河流域的文字，谁在研究？都是考古学家。他们不是研究这些文字背后的义理，现在是连字都认不全，更何况是传达文字背后的人生智慧。

所以，诸位同学，祖宗发明文言文，我们可以直接跟尧舜禹汤，跟孔夫子、孟夫子学习，这是全世界唯一的一个民族能有这样的机会。结果我们不珍惜，反而还要破坏自己祖宗的文化，这是最损福分的事情。知恩报恩最有福，忘恩负义最没福。有句俗话讲，“不听老人言，吃亏在眼前”。对呀，重新拾起祖宗的智慧，一定能让整个社会安定祥和。你们相信吗？（答：相信。）这个相信要从哪里来？从自己的实践来，你会信心不移。不然，我们自己都没做，有口无心。

我们在汤池不到一年，整个社会风气改善，离婚率降了五成。怎么还有五成？因为那些人不在镇上，都在外面，没有听到“各相责，天翻地覆；各自责，天清地宁”。在镇上那一年，没有听到人离婚，犯罪率快速下降。该降的都降了，该升的也升了，经济收入都往上扬。因为修养有了，德跟福是相伴的。很多人都很感动，来这里学习如何营造和谐的社区。整个镇四万八千人接受《弟子规》、接受传统文化的教育，整个地方很祥和，老人也很快乐，都有老人俱乐部。所以我们信心很足，不到一年就有。我们相信，每一个来学习的同学、老师回去之后，从我开始做起，从我心做起，从我社区做起，从我县做起，相信“君子之德风，小人之德草，草上之风，必偃”。德风吹出来，没有人不愿意接受，道德之所在，天下归之，天下爱之。

五、学问跟生活结合才是实学

人生最重要的不是奋斗，而是抉择

我年轻的时候，当然现在还是很年轻，听到几句话，对我人生很有触动。其中有一句说：“努力有结果，不一定会有好结果。”有没有道理？有。有道理就要抄下来，这样才不会白来。这句话不只对我的人生有帮助，对诸位同学应该都会有启发。努力有结果，不一定会有好结果，因为你努力的方向可能错了。所以人生最重要的不是奋斗，而是抉择。方向抉择对了，努力才有价值。人生踏出脚步的大小不是最重要的，方向要对。我们由此可以感觉到，抉择对一个人生命的那份重要。

我们很多课程，包括早上周老师跟大家谈的，抉择什么？抉择食物。病从口入，食物抉择对了，你的健康才有保障。我们上节课谈的是什么？择言，很重要。这些抉择对人生都有关键性的影响。再来，人生还有哪些重要抉择？择偶。女怕嫁错郎。还有择业，要选择好的行业，有价值的行业，利益社会的行业，有远景的行业。还有没有？择友。居然是我们这位小朋友讲的，掌声鼓励一下。

出外靠朋友，“生我者父母，成我者朋友”。“亲附善友”，一个人交的都是很善良、很有智慧的朋友，就好像走在森林里面，“如雾露中行，虽不湿衣”，看起来好像衣服没有湿，但那些露水、那些雾，时时都在滋润我们的衣服，“时时有润”。其实这就是“入芝兰之室，久而不闻其香”，我们也受到这个气氛的感染。“入鲍鱼之肆，久而不闻其臭”，假如身旁都是酒肉朋友，很可能我们每天都在堕落而自己都不晓得。

曾有一位大学生说道：“班上有二十八个男生，结果有二十七个人半夜都在打游戏，都在上网，只有我一个人没有打。”所以他是“出淤泥而不染”，只要他能挺住，进一步学《弟子规》，我相信那二十七个人，他可以一个一个把他们拉起来。这叫道义。《弟子规》说：“善相劝，德皆建；过不规，道两亏。”朋友犯错了，我们视而不见，甚至于还推波助澜，那是害了对方，不是道义的表现。

礼仪的启示

很多年轻的男女会来问我：“蔡老师，什么时候可以谈对象，可以谈恋爱？”什么时候可以谈？他能问这样的话，代表他还是挺有思考的人。什么时候才能有这份承担？我会出一题数学题给他：一加一等于多少？诸位同学，一加一等于多少？这一题这么难吗？（答：一加一等于一。）这位小朋友，你为什么觉得是“一”？（答：因为两个人结合在一起。）两个人结合在一起，然后呢？（答：合而为一。）合而为一，“国家将兴，必有祯祥”。来，掌声鼓励。诸位同学，我们有没有生起惭愧心？你看，这个小同学没有同流合污。现在的社会，夫妻还没结婚就要先分清楚，财产还要公证。有没有？

还没结婚就先想着什么？如何离婚。这样不离才怪，都还没有结合就想着如何离婚，根本就不是道义啊。一开始就这么计较，这条路还走得长远吗？

家庭是谈付出、谈感恩的地方，是谈彼此提携的地方，而不是斤斤计较的地方。所以态度不对，不会有好的结果。诸位同学，人生不管经营什么事情，态度决定成就，而不是成功以后再来改变态度。让你脾气好一点，你说“让我当经理，我脾气就好；你让我事业成功了，我脾气就改”，没这种事啊！“天时不如地利，地利不如人和”，你没有人和，家业、事业怎么做得成？人和来自你正确的为人处世的态度。好，标准答案是：一加一等于一。这叫一体不可分。

说到这里，我突然想到《礼记·昏义》。中国为什么这么注重礼仪啊？我们整个民族这么注重礼仪，最主要的是礼仪包含很多人生哲理，启发我们，让我们一生都不会忘记。师长老人家七八岁的时候去念私塾，那时候有一个礼仪叫拜师礼，三跪九叩。父亲带着孩子，在孔老夫子的圣像前面行三跪九叩礼；接着老师上座，父亲同样带着孩子行三跪九叩礼。孩子心目中最尊敬的是自己的父母，而父母又对圣人、对老师这么恭敬，孩子心灵的那种感动终生难忘。所以当这个小孩行完这个礼，就觉得老师的话、圣人的话不可以不听。一个礼影响他一辈子求学的态度、尊敬老师的心境。所以这个礼博大精深啊，很有意义！

诸位同学，我也曾从事教职，那时我们六年级在四楼。有一个学生东西没带来，是他奶奶拿过来的。奶奶爬上四楼，那对七十几岁的老人算是比较大的负荷。结果气还没喘缓和，刚好看到我，老人家马上鞠九十度躬，说："老师好！"那个当下我真的感受到，当一位长者或者学生的父母对我们这么尊敬、信任，假如我们不用心教，都觉得良心有愧。后来我就想到，我被九十度躬鞠下来，都快要承受不住；假如是坐在那里，家长带着孩子给行三跪九叩，那种感觉真的如坐针毡啊。对孩子，甚至对他的家庭要负责任的啊。

我们从事教职，本来就有这份担当。"师哉师哉，童子之命也"，老师啊，老师啊，这个行业影响的是孩子未来的命运。思想决定命运，正确的人生观要通过父母、通过老师教给孩子。而且，不只是一个孩子的命运，甚至于整个民族的存亡，都维系在教师这个行业。这是拜师礼的意义。

再来，我们看婚礼的意义。《礼记·昏义》提到，"合二姓之好，上以事宗庙，而下以继后世也"。这是正本清源，把我们结婚的意义点出来。合两个姓氏之好，代表婚姻是让两个家族走向更好。这对夫妇的结合，让彼此的家族都觉得欣慰，都觉得很幸福，这叫合二姓之好。而且你看，是不同的姓，代表我们祖宗几千年前就注重优生学，血缘太近，怕会有不良的遗传因子出来。所以是合二姓之好。那现在结婚觉得是谁的事啊？两个人的事。以前是两个家族的事，甚至于是整个社会的大事。因为夫妇处得好了，才有好的家庭，才会有好的父子关系、好的教育，兄弟姐妹在和乐的气氛下才有好的人格养成。父子关系好了，可以出忠臣；兄弟关系好了，以后同学处得好，同仁处得好。你看夫妇的结合，影响整个社会的安定。夫妇处不好，没忠臣；夫妇处不好，没好兄弟，也没好同学。有没有一个人跟兄弟姐妹处不好，却跟同学、跟同事处得很好？假如有，保证他是假的。连最亲近的兄弟姐妹都不爱，他还爱谁啊？

“父母不孝，奉神无益”

林则徐把对人生的感悟总结为“十无益”。林则徐的智慧很高啊，我们民族英雄的这些话都非常可贵。我到哪个地方，就喜欢了解这个地方历代出过什么圣哲人。因为圣哲人的德行、风范，一定会感动、教化那个地方。第一次到福建福州，一了解，福州就是林则徐的出生地。林公整理的这“十无益”，对我们人生很有启发。假如我们不领会这些道理，那我们的人生可能是徒劳无功，毫无获益。

第一句，“父母不孝，奉神无益”。所有圣贤，甚至各个宗派都教我们要从德行的根本——孝道开始。一个人连父母都不孝，他拜一百尊佛像、神像，也不可能保佑他。所以找到根本啊！人生真正的福分，在能够依正道而行，依道义而行，后福无穷。你看历史上多少孝子免于天灾人祸。

诸位老师，人的心连没生命的东西也能感动，连矿物都会受到人的意念影响。当我们进一步探讨宇宙人生的真相，发现天灾跟人心离不开关系。人心善，风调雨顺；人心贪婪险恶，就天灾连连。所以要解决全世界的天灾问题，根本解决处在人心向善。向善了，这个地方不遭难。

我们在庐江汤池镇的那两年，雨水都非常适宜，几天就下一次。“瑞雪兆丰年”，前一年的冬天雪下得厚，明年就丰收。我们去的那一年，雪下得很厚，那些村民也很欢喜。他们说：“真的，推展伦理道德教育，我们整个地区四季都很顺。”甚至于我们办课程，七八百人一起听，结果下雨了，下雨当然也是好事，能滋润嘛。我们在那里想，待会儿吃饭，七八百人出动，没准备那么多把雨伞。结果一下课，雨就停了；走到吃饭的地方坐下来吃饭，雨又开始下。吃饱饭了，要回教室、回寝室，雨又停了。来上课的人都很惊讶，说：“哎哟，这个雨还可以商量。”天地之间都是一体，会互相感应。所以我们看到这些不是理论，这些是事实。

我们在庐江汤池种了一块地，二十九亩，算蛮大的了，那年收成十万斤。刚开始种的时候，因为是荒地，所以连当地的农业专家都摇头，不看好。结果后来种得非常好，西红柿长得太好了，太重了，只好摊在地上长。那年光是西红柿就收了一万斤。当地的专家推断，可能是种的人很有爱心。这个地方的人都不相信，不用农药、不用化肥居然能种那么好，他们觉得不可思议。所有的不可思议，都能用诚心、忠心感召。我们还有好几块地是给虫吃的，还写了一封信《告昆虫书》：“我们很好客，你们尽量吃，但是就吃这几块，不要东吃一块西吃一块，这样会长得不好。”结果真的，这一块吃得一片叶子可能有一百个洞，旁边的就没有什么虫吃。参观我们中心教学的，来到这一亩田，看到这个叶子，嘴巴都会张得开开的：“连昆虫都可以沟通啊！”所以昆虫不听我们的话，要怪谁啊？怪自己修养还不够。

包括灾难。古籍上记载，元朝有个孝子叫李忠，当地发生大地震，整个地方统统都震倒了。而地震到他家门口突然分成两道线，过了他家又合成一道线，所以整片一万多户人家都倒了，只有他家没倒。地震也会改道啊！连瘟疫都会改道！

孝子可以免于灾难，这样的故事太多了，不胜枚举。包括“蔡顺拾葚”，有一个孝子叫蔡顺，你们可能没听过。那个时候兵荒马乱，蔡顺出去采桑葚供养母亲，希望母亲能多吃点东西。出去的时候拿了两个篮子，回来的时候被盗贼抓住了。盗贼就很好奇：“奇怪了，你采桑葚干吗拿两个篮子？”诸位同学，他为什么拿两个篮子？因为他希望把比较甜的留给母亲吃，那种桑葚比较黑，比较酸的留给自己吃，所以分成两篮。盗贼听完也很感动。盗贼会不会感动？会啊，“人之初，性本善”。他们也是在时局不好的情况铤而走险，但是良知还在啊。

盗贼很感动，就给蔡顺拿了一些他们的东西，都送给他。诸位同学，要不要收？人家好心送给你：“你好孝顺啊，送给你妈妈。”要不要收？为什么不能收？这叫不义之财。大家都很有判断力。假如收了，“没关系，他这么诚心”，一回家，衙门来人了：“张三家的米为什么在你们家？人赃俱获，跟我走。”那就麻烦了。所以他并没有收下这东西，“君子爱财，取之有道”。

母亲过世了，还没有安葬，发生了火灾，火就要烧到他们家。他在那个当下，都不顾自己的生命安危，只想着要安葬母亲，冲进去抱着灵柩大哭。结果火移到旁边去，没有烧到他们家。历史上这样的故事太多了。所以真的，人生最大的福分，就是孝顺自己的父母。孟夫子讲“父母俱存，兄弟无故”，乃人生第一大乐——天伦之乐。

“兄弟不和，交友无益；存心不善，风水无益”

再来，“兄弟不和，交友无益”。这都是很有道理、很有逻辑的，连最亲近的人他都不爱，他能去爱谁？

再来，第三点，“存心不善，风水无益”。心地不善良，龙穴给我们住，住一年就变鼠洞了，是吧？那心地善良呢？

有户人家住在山里，很多行人没有水喝，他们都会欢欢喜喜供养他们水喝。有一个看风水的人刚好从他们家经过，好不容易看到一户人家，赶快进来要杯水喝。老太太赶快把水端出来，风水师本来想要痛快地喝下去，结果一接，啊，热水！要喝的时候，又看到上面还有米糠，他还得怎么喝啊？要吹一下，“呼呼”，这样才能喝一小口。他一边喝一边生气：“我渴得要死，你居然还给我制造这么多麻烦。”风水师有点不高兴，结果刚好看到老太太家里有一具棺木，可能是她的先生去世了，正要下葬。他就跟这家人说：“我是风水师，我可以给你们看一块宝地。”这家人都很纯朴，也很信任他，“好啊，好啊”。

风水师就给他们看了一块地，那块地叫断子绝孙地，就让老者葬在那里。结果当天晚上下大雨，后面的那座山崩了一块，崩下来刚好就在坟墓后面。因为雨水下得很大、很急，坟前变成了一条小河。你看风水会变，一下子又有靠山，前面又有水。水代表什么？有财。水代表财，所以水必须流动。水不流动就怎么样？发臭了。所以有钱人假如不布施钱财去帮助别人，钱会发臭。什么叫钱发臭啊？钱都自己捂住了，最后家里就因为钱怎么样？打架了。你看，老祖宗写这个“錢”字怎么写啊？钱不流动，可能两把刀就出现了。

现在兄弟因为财产告上法院的多不多？越来越多了。赚钱靠机会，花钱靠智慧。

后来这一家就兴旺起来，子孙都很好。过了好多年，这个风水师又从这户人家走过，他就想进去看个究竟。结果一进去，全家人把他当作贵宾一样招待，感谢他让他们家族有好的风水而兴旺起来。他觉得奇怪：“哎呀，怎么会这样？”后来他又问：“老太太，当时你们端那杯热水给我喝，你们干吗要这么做？”回答说：“赶路的人走得都很喘，一下子喝冷水一定会呛到。”“那为什么还要撒一些米糠呢？”“撒一些米糠，你一定会吹一下，小口小口喝，这样就不会受伤了。”这个风水师听了很感动，处处都是替人着想。所以这个风水师也开悟了，风水是结果，原因在哪里？在人心的善良。风水随时都在变。从此他不看风水了，劝人断恶修善才是根本。所以一个人真正行善，不需要去看相算命，“命由我作，福自己求”，这才是真相。

“行止不端，读书无益”

再来，“行止不端，读书无益”。假如我们的行为举止都不端正，那我们的学问就没有跟我们的言行一致。只要我们的所学、心境跟言行不一致，人生就偏掉了，慢慢就变成虚伪了。真诚的人生才有意义，才能感来人和；虚伪的人生，日久见人心，骗不了人。而且你行止不端，很可能招来别人对你的侮辱。“人必自侮，而后人侮之”，这都很重要，人必自侮而后人才会污辱你；“家必自毁”，家庭一定是内乱了，“而后人毁之”，所谓“家火不烧，野火不起”。所以，这都是告诉我们要先反思、反省。“国必自伐”，国家一定是内部不和，冲突了，谋私了，其他国家才会有机可乘，“而后人伐之”。所以不要自取其辱，学问要跟生活、跟处事待人接物完全结合，这才是实学，真实的学问。不然我们一个大学生、研究生、博士生，行为都不端正，会害得这些长辈在那里摇头：“哎呀，下一代真是没希望！”读书人应该给社会当榜样才对。

“心高气傲，博学无益”

第五，“心高气傲，博学无益”。孟夫子告诉我们，“学问之道无他”，在那颗心啊，“求其放心而已矣”。把我们的本善开发出来，这才是学问。假如我们的学历一直在提升，心越来越傲慢，那就是跟学问背道而驰。我认识一位朋友，他有个同事，初中、高中都是跳级，二十岁博士毕业，厉不厉害？很厉害，二十岁拿到博士，破例进入大学当副教授。结果要升教授都没机会，干了十多年还是副教授。我这个朋友就很纳闷，其他比他后进来的都升了，为什么他没有升？一了解，原来他的论文都是写某某教授哪里不对哪里不好。他都是一针见血，把每个人的不好统统批得很准，厉不厉害？很厉害。到后来这些教授一看论文是他的署名，连看都不看，马上就退回去了。所以他十多年都升不上去。你看他虽然学历那么高，但是恃才傲物，给他的人生形成很多阻力。

后来我这位朋友跟他交流了一下，劝他：“我看你论文这么写吧，你就把每个教授的好写出来。”听了这个建议，他皱着眉头很痛苦地说：“我试试看吧。”过了一段时间，真的写出来了。我朋友打开来一看，鸡皮疙瘩掉一地。那个本来很傲慢、本来都不会称赞人的，突然称赞人家一句话，讲得很不自然，我们听了也很难过。

所以连称赞别人都要学习啊，都要从内心出来，“诚于中，形于外”，才会让人舒服、感动，一点都假不了。这提醒我们大家，这十多年来，我们的心性是越来越谦卑了，还是越来越傲慢了？是越来越贪心了，还是越来越懂得付出了？脾气越来越好、越来越有修养，还是越来越大？是越来越理智了，还是越来越意气用事了？是越来越懂得欣赏、信任，还是对人越来越怀疑了？学问之道无他，就是这颗心。

“做事乖张，聪明无益；时运不济，妄求无益”

第六，“做事乖张，聪明无益”。做事都不懂得遵守原则，都凭着自己的意气、好恶，纵使头脑很灵活，可能都会把事情给搞砸。要循规蹈矩才好。

第七，“时运不济，妄求无益”。一个人的生命当中都有一些机会点，但机会点还没到的时候，不要去贪求、攀求。因缘还没成熟，你去攀求，很累啊。然后亲朋好友看你一定要这么干，也只好帮你干，结果干垮了。一垮，自己受影响，家人也受影响，可能钱财、精神都陪我们进去了。所以人生建立事业，要懂得瓜熟蒂落、水到渠成，不要急躁。急躁了，想快，反而更慢，这个道理大家要会看。包括外在条件的配合，还有自己德行、能力到了没有？这些统统具足了，事情就水到渠成。所以老人家的话要听啊。

这“十无益”，对我们人生都是很关键的提醒，我们要珍惜圣贤给我们的这些智慧，好好地去领受、运用。

“不惜元气，服药无益；妄取人财，布施无益”

再来是“不惜元气，服药无益”。你想要家业、事业好，身体好，但是你熬夜、喝酒、暴饮暴食，不惜元气，纵使吃最好的药也没用。

“妄取人财，布施无益”，用不正当的手段要到人家的财富，还在那里假惺惺的，去做善人，去布施，这个没有用。

民国初年，上海有个人是当地公认的大善人。那时候儒释道三家的教诲大家比较了解，所以都想说，善有善报。可是结果呢？暴毙。在一个夜里，突然就死了，死相非常惨。他的太太非常不能理解，说：“他一辈子行善啊，结果是这样。哎呀，行善没有用。”甚至于曾经建的桥，都忍不住想要去拆掉。后来通过一些因缘了解到，她的先生以前是山西的一个官员，贪了一大笔赈灾款项。那一笔款项的背后，是数以千万计的生命没有了，饿死了。没有人知道，是去询问他在清朝末年的那些同仁，才确定原来是妄取人财，所以得那样的结果。

此生风范长存

上一次课程结束，负责的老师请一位长者上台，这位老者是桃园县的副县长。一上台对大家讲的第一句话是：“我是范文正公的后代。”真的是范公的后代，刚讲完，范公的后代就表演给我们看。我们非常欢喜，从副县长对他自己祖宗的称呼，我们都可以感觉到，虽然祖宗离他千年了，但是风范时时都在他的心中。诸位同学，请问我们在学弟学妹的心中是什么形象？是什么样的言行风范？我们把好的言行风范留给学弟学妹，那是对学校最大的贡献。我们这一生跟这么多的朋友相处，请问我们留在朋友心中的是什么形象？那就是我们这一生的价值。包括我们如何定位自己，给后代子孙做什么榜样。

你看这个“孝”字怎么写？上面一个老，下面一个子，老是指上一代，子是指下一代，上一代、下一代一体不可分，这叫孝。下一代还有下一代，未来无终；上一代还有上一代，过去无始。真明白这个孝道，会时时怀着感恩祖宗、造福后代的存心。诸位同学，孝是德之本，是做人的根基所在，请问我们二十年左右的岁月，常常提起对祖宗、对父母的感恩吗？我们常常能观照、期许自己是后代子孙的榜样吗？假如这样的心境都没起来，我们这一生还没找到根。有没有感觉我们的大学生活好像浮萍一样，不知道在哪里扎根，面对明天好像就是把那二十四小时给填满？所以真的，立志就好像一条船有了方向，不然光阴似箭，时光很快就过去了。

范公的祖宗范滂有这样的志向，“慨然有澄清天下之志”。后来范滂被陷害，他是忠臣，但是那时候政治不清明，朝廷发了文件到地方，要去捉拿他。结果督察官接到命令，抱头痛哭，他说：“我绝不愿意陷害忠良。”他不愿意去。你看，这都是读书人的一份道义。范滂不希望他为难，自己到衙门投案。读书人都不愿意让人为难，更何况是去占人家便宜，我们有一个念头要去占人一点便宜，那已经不是读书人了。

范滂到了县衙门，表明了身份，县太爷对他说："大人，我知道你是忠臣，现在被陷害了，我不忍心抓你。这样好了，我这个官不干了，我陪你逃命，天下之大，我不相信没有我们容身之处。"你看那个县太爷，马上可以把功名利禄舍掉。诸位男同学，假如我们因为要追女朋友而跟同学、好朋友吵架，太丢脸了。圣人是什么榜样？是连命都可以为道义而舍。我们怎么可以为一些小小的利益，就跟几年的朋友冲突啊？这都是我们的学处。我们要看到，我们跟圣贤人的差距就是那颗心。

当下县太爷真的就要带着范大人去逃命，范滂说道："我不能连累你。我走了之后，你，甚至你的家人都会被我拖累，还有我的母亲也会被我拖累，所以我不能这么做。"你看，没有自己，只想着父母，想着道义。

母亲知道儿子去投案了，就赶到县衙门。诸位同学，你们猜猜看，范母到了县衙门做什么？会不会一进去就开始大哭啊？不会。范母进去之后，义正词严地说道："孩子呀，一个人一生不可能又有名节，留名青史，同时又很长寿。你现在已经跟这些圣哲人齐名了，已经无憾了，你安心地去吧。"这个母亲面临生死分离，凛然大义，是期许自己的孩子。她很清楚孩子最放不下的是谁？就是母亲。所以她成全儿子一生的这份正气、这份气节。

诸位老师，诸位同学，范滂慷慨就义，请问他"慨然有澄清天下之志"这份志向后来有没有达成？我们看事情要看得深远，"莫以成败论英雄"。你说，他已经死了。你看他没有成功，但他的精神、他的风范留在所有后代子孙的心中。

宋朝苏轼十来岁的时候，他的母亲看《后汉书》，看到范滂还有范母那份大义，放下书，长长地叹了一口气。苏轼问："母亲，您在看什么？"把书接过来，看了范滂的事迹，对母亲说："母亲，假如我要当范滂，您能不能当范母？"我们有没有生惭愧心？苏轼十岁就定位自己要当圣贤人，要留名青史。母亲马上说："你假如能当范滂，我一定能当范母。"苏轼后来成为宋朝一位正直的大臣。看一个人有多正直，看他被贬的地方就知道了，被贬得远远的，不顾生死。

苏轼的事迹太多了。有一次在路上看到一个老太太哭得很伤心，就问她为什么。老太太说："我们家身处困境，不得已把祖宅都卖了。"结果后来了解到，她家的祖宅就是苏轼刚刚买的那栋房子。苏轼当场就把契约撕毁了，非常有道义。所以"生活的目的在增进人类全体之生活"。诸位同学，读过这一句没有？这些话都很有意义，我们把它冻在冰箱里面很久了，拿出来解冻一下。你看这个就是意义，"一日之所需，百工斯为备"，每天都受到各行各业的帮助服务，我们才有这么便利的生活。时时怀着这种感恩的心，当下人生就是幸福的。

自己要对人生负完全的责任

你看，我们到餐厅去，面对服务人员、面对厨师："谢谢你们的服务。"我们感恩，他们也觉得受尊重，很和谐、和乐。假如因为赚了一些钱，就很傲慢，我有钱，你们就得替我干，人家来服务，颐指气使，口气都很不好，服务人员离开我们的桌子："有什么了不起，等着瞧！"下一盘菜出来的时候，先给我们添点"香料"，可能那一顿吃下去，哎哟，怎么肚子很不舒服？“敬人者，人恒敬之”，对人家傲慢，可能常常就要拉肚子。人生的际遇都是感应，都是自己的心招感来的，所以自己要对人生负完全的责任。

诸位同学，这句话有没有感觉有一点吞不下去？负完全的责任，可以马上接受吗？能马上接受，这是有大善根，对圣贤人的教诲不怀疑。我们现在已经到第三天了，诸位同学，你们听到那么多经句，甚至于唱了几首歌，这些教诲有没有哪一句不了解的？没有？不过我也觉得很高兴，因为你们一定会在我们之上，那太好了！一定有，在听课的过程中你一定有没听懂的，但是为什么没有一个人来问呢？学问学问，要学着去问自己不懂的东西，“心有疑，随札记，就人问，求确义”。要转经，转经就能提升学问；不能被经转，不把它变成生活，最后我们就多读了些书，长了傲慢而已。回去之后对同学说：“告诉你，我可是听过周老师讲课的，我可是听过蔡老师讲课的，来，我讲给你听。”那就不行了。学了应该去力行，用我们的德行去感化别人。有没有没听懂的？

再来，有没有听了不服气，听不下去，这个道理我不能接受的？当下没有领会，那我们可能都在退步，不进则退。这个道理你不能接受，你就已经生怀疑了，我们对经典、对圣贤人一生怀疑，很难再提升。

当初考师资班，我已经二十六岁了，离高中的课程也好一段时间了，也十来年没有读了。还有音乐、美术、公民与道德、体育，统统要考，考十三科。那个时候只剩四个多月，我下定决心，要走上教育的路。“知止而后有定”，我们已经认定教育、认定弘扬文化是我们这一生的志业，心就不会再浮动了。我就想：第一年没考上，再考第二年；第二年没考上，再考第三年。有这样的决心，四个多月就考上了，人的潜力太大了。

十几科，每次上课我没有时间复习，这堂课听完马上全部都要吸收，只要有哪个部分不懂，一下课我马上跑过去问老师。结果老师跑得比我还快，补习班的老师北、中、南赶场。有时候真的追不上，怎么办？能不能抱怨，“哎呀，这老师真是的！”抱怨对人对己都没好处，怨天尤人是不理智的，“宁为成功找方法，不为失败找借口”。老师追不到，看看哪些同学这一科学得特别好，向他请教，都是可以找到解决方案的。从那时候开始，我整个学习的状态都是这样，没有变过。诸位同学，我们一直在强调，学问就是这颗心，我们的好学心是升还是降？我们对人的恭敬心是升还是降？我们对父母的孝心是升还是降？我们对自己行为的谨慎态度是升还是降？这跟年龄不成正比，不是说年龄越大，心境就越提升，反而很可能堕落，我们自己都没有警觉。

六、循道义得的利长长久久

命运是可以改变的

我们现在已经连续学习三天，一天学习八个多小时，好久没有这种学习状态了吧？你们怎么又没反应了？你们又入定了是不是？这样的学习状态要终其一生都不往后退，要有这样的期许，好不好？“好”这一声，祖宗听到之后眼泪掉下来了：“他们终于醒过来了，他们不愿意再让我们伤心流泪了。”

曾跟大家提到几个公案：我们这一生确实不是结束，人有过去，人有未来。孔老夫子在《易经》当中就点出了这个真相：“精气为物，游魂为变。”我们一定很熟悉所谓的“精气神”，精就是指物质，我们这个身体是物质。气，看不看得到？看不到。但是有没有？有。人没有气就活不了了，精气能让身体运转得很好。支配精气的是什么？我们的神识。当精气已经耗损完了，这个身体不能再用了，怎么办？当这个身体的因缘结束了，我们要变成什么样的身体？是越变越好，还是越变越糟？所以立志不只要立这一生的志，还要立生生世世高远的志向。人有这样的定位，这一生会过得非常充实、有意义。

你说：“我没福怎么办？”诸位同学，一生可以修成圆满的福分、智慧。师长一生智慧成就了，一生福分成就了，他在世界各地弘扬儒道释三家的教诲，这么多学生爱护他、拥护他。师长本来是没有福分的，他年轻时候的照片非常瘦，去拜见老师连礼物都买不起。但是通过修学，断恶修善，一生成就了圆满的福分，甚至于寿命也自在。师长的命本来是四十五岁，他的父亲，他的很多长辈都是四十五岁上下走的。他四十五岁的时候真的生了一场重病，但是因为做的善事很多，命运扭转了。

诸位同学，我也是短命相，你们看得出来吗？真的，师长第一次看我讲课，说：“哎呀，短命相，幸好出来做好事。”那个时候我差不多二十九岁，很幸运有一些善知识、一些长者护念。我到杨老师家去住，老师看了我的手相说：“怎么这么短命？”本来要给我介绍女朋友都不敢介绍了。那段时间，在高速公路开车都会睡着，真的不是故意的，已经聚精会神，还是睡着。真的，行善不能等。开车开到睡着，猛然惊醒，恍若隔世。杨老师知道这个情况，每次我高速公路上开车，她一定差不多半个小时打一通电话："不要睡着了。"那个时候真的觉得能量很微弱。后来很幸运，有因缘参加了一场放生大会，还有断恶修善，这样才会在那个时节因缘好了。

还有一个很重要的因素，我答应了我的同学，要去他们学校带一个班，那个班是全校最难带的。之前的老师教四十年了，教不下去了，最后一个学期不干了，辞职走了。要不要去？"当今之世，舍我其谁"，你不拉他们，谁拉他们？所以诸多因素，古圣先贤会保佑我们，人就没事了。

有感恩的心，人生一定幸福

上一讲我们提到，有感恩的心，人生一定会幸福。早上我们听周老师说到他去公司工作的心态，大家还记不记得？抱着感恩的心。老板这么信任我，公司这么信任我，而且让我学习，五点以后还不收我日光灯的费用，我想学多久就学多久，是感恩的心、道义的心。诸位同学，请问这家公司谁的薪水调得最快？你看，循道义所得的利长长久久；违背道义所得的利很短暂，甚至是刀头舐蜜，刀前面有一滴蜂蜜，我们想尝个甜头，舔一下，甜甜的，接着血也喷出来了。贪图利益，违背道义，就是这个下场。

前面的课程我们跟大家说到，"以利交者，利尽而交疏；以势交者，势倾而交绝"。有一个男子跟一个女子谈感情，也很稳定。后来踏入社会，看到一家医院生意做得不错——我这话好像不大妥，医院是做生意的，怪怪的，不过现在好像变成这样了。你看医院定下任务：今年目标三十亿。什么意思呀？赶快生病过来，是不是？医生的心境应该是什么？“但愿世间常无病，哪怕柜上药生尘。”纵使柜上的药都已经被尘埃盖住了，我也很高兴没人生病，这才是医生的心境。坐在那里，“哎呀，今天怎么都没有人来看病”，这个心态就不对。

这家医院的院长，还有院长的女儿都在那里，这个男子就为了去追院长的女儿，抛弃了那个女子，连他的那些亲人都很不谅解他，为了利，为了权势。结果没多久因为贪污，院长还有他的女儿统统被关进去了，他什么都没有得到，只留下后半辈子人家对他的唾骂，见利忘义了。

而一个人能时时感恩每个人对他的付出，他一辈子一定都在别人的信任、呵护当中成长。你越感恩，人家就越栽培你、照顾你；你越计较，越知恩不报，整个社会对你的信任就越减损。所以我们的起心动念、一言一行对我们一生的智慧、福分，甚至于社会信用都有增减，不可以小看我们的态度。

以前有个读书人每次经过一个地方，土地公就站起来给他鞠躬。后来土地公给庙公交代：“哎哟，那个葛状元每次都从我这里走过去，我累死了，都要起来给他鞠躬，你帮我建个墙挡一下好不好？”庙公说好。正要开工，土地公说：“不用建了，我现在不用跟他敬礼了。他昨天给人家写了休书，帮一个男子写的，要休掉他的原配，他这个状元已经被上天给销掉了。”诸位同学，你看我们的福分都在一念之间，不一样。

红灯的考验

我们上一讲讲到人生最难的不是奋斗，而是抉择。抉择对了，方向对了，努力才有价值、意义；方向错了，可能适得其反。我们讲到抉择需要判断能力才行，而判断力来自哪里呢？我们都在下抉择，那我们的判断对不对？这个要有智慧。

有个朋友到海外读书，交了一个女朋友。有一次跟女朋友出去，红灯亮了，他拉着女朋友，说："赶快走啊，赶快走啊。"他女朋友说："不行啊，红灯不能闯啊。"他拉了女朋友几次，女朋友还是坚持原则不闯红灯。后来两个人过了马路，女朋友就跟他讲："我们分手吧。"他说："怎么这样呢？我有做错什么事情吗？""你连红灯都敢闯，还有什么事不敢做？"就这样，一段感情结束了，他觉得很难受，很受伤。

后来回国了，又交了一个女朋友。有一天一起出去，又站在十字街头，又遇到了红灯。女朋友拉着他："走啊，走啊。"他说："红灯啊，不能闯。"女朋友说："红灯没关系。"就闯过去了。过了马路以后呢？女朋友说："我们分手吧。"他说："怎么回事？我做错什么事了吗？""你连红灯都不敢闯，还能干什么！"就这样，他又遭遇了一次打击。

诸位同学，他两次被甩，请问是好事还是坏事？都是好事吗？你们已经契入"日日是好日，事事是好事"。你看第一次，他拉着女朋友要闯红灯，结果女朋友跟他分手，这对他的人生有没有很大的启发？有啊，让他知道“勿以恶小而为之”，不然慢慢地心性堕落了，自己都搞不清楚。第二次，因为坚持不闯红灯又被甩了，对他来讲好不好？好事啊！这个女朋友红灯都闯，以后生孩子了还得了？不是险象环生吗？他坚持自己的原则，化掉了一个劫难。所以，人生并不是那样复杂。只要循着道义去做，就不会有错，不会违背自己的良心。

道义感得好因缘

我们看许浚，他要去考医官，但这么多病人，他最后选择了什么？你看他损失了吗？他一点都没损失。最重要的，他这一生活得坦坦荡荡。假如我们这一生为了追名逐利，很多亲人的需要我们视而不见，看到他们痛苦，袖手旁观，继续去忙我们的，我们的灵魂已经下堕了，我们的人生已经不可能有幸福了，因为我们活得不痛快了，活得不坦荡了。当一个人开始违背良心，人生已经往行尸走肉走，慢慢良知就不见了，这哪有什么痛快可言？甚至于每天夜阑人静的时候，都有莫名的空虚感，没有养浩然之气啊。

电视剧《医道》里，许浚对得起自己的良心，对得起他的老师，因为他坚持了从医的原则：病人最重要，他要当心医。他的太太也很伟大，尊重他，佩服他的行为，那是他最强有力的后盾。后来许浚没考上医官，假如考上了，可能就是在那里追逐名利而已，有没有可能重新回到师父的身旁？回不去了，他本来是被师父逐出师门的。这一段可能大家都没有看到，许浚把一个大官给医好了，那个大官的影响力非常大。许浚接了这个大官的推荐函，他去考试，只要把这个推荐函拿出来，可能就考上了。结果这事被师父知道了，师父当场撕了推荐函。他要抢回来，师父说："我没你这个学生。"把他逐出门了。

他一下子还没醒过来，还怨师父。一个人假如心里掺杂着追求名利，不可能成为心医。后来他经历了这些事情，反省自己，忏悔自己，师父还是没让他回来。后来因为他救这些病人，而把功名放下了，师父才重新接纳他，把医术都传给了他，甚至把自己的身体都拿来成就他的医术，造福于人。真的，人生不复杂，循着道义，好的因缘会来到我们的生命当中。

你说他的富贵呢？许浚到最后几乎到宰相那个位置，一般来说，医官不可能有这么高的位置。你看他的心都是为万民着想，他的福分快速积累，从一个这么卑微的人，最后到了跟宰相一样的地位，受到皇帝的尊敬。该是他的福分跑都跑不掉。在他的人生过程当中，只要有一次违背良心，就不可能有这么大的福分。所以人生不复杂，"但行好事，莫问前程"，前程是水到渠成。

祸福就在一念间

古代有个人叫文绍祖，给儿子谈了一门亲事，这个女孩子突然肢体没有办法伸展得很好，突然就发作了。发生这个情况，文绍祖跟太太商量："我们也还没娶，我看这个婚事就算了吧。"太太马上说："做人不能违背自己的原则、道义、良心，纵使这样也要娶。"他被太太的正气镇住了，"好好好，娶。"结果把这个女子娶过来没有多久，儿子就考上进士了。假如没娶，能不能考上进士？德行有损，考不上啊。不只儿子考上进士，这个女子病重，夫家这样包容她、照顾她，她感不感动？感动啊。后来她的病好了，全心全意照顾家庭，生了三个儿子，三个都是进士。诸位同学，祸福在一念之间。所以做人不能违背原则。

豫章这个地方有一对双胞胎兄弟，几乎是同一时间生下来，长得又很像，连父母都有点分辨不出来，连讲话的声音、学习的能力都很相近。到了读书的年龄，父母怕认不出来，一个到省里去读书，一个留在县里的学校。到结婚年龄了，怕媳妇认错，你看像到这种程度，衣服跟鞋子都穿不一样的，怕混淆了。他们是同一年考上科举，同一年结婚，同一月生孩子，命运类似到这样的境界。

在进一步去考进士的路途当中，两兄弟在一个地方住下，遇到一个少妇。这个少妇先生去世了，守寡，对大哥献殷勤，大哥不为所动，呵斥了这个女子。后来大哥想：我跟我弟弟长得一模一样，假如这个女子又遇到我弟弟，一定会去挑逗他，会对他献殷勤。所以他赶快提醒弟弟，旁边有一个这样的女子，绝对不能做出违背自己德行的事情。弟弟点点头。

后来这个女子真的又遇到了弟弟，弟弟没有守住原则，跟这个女子私通了，而且还跟她说："假如我考得很好，一定回来接你、娶你。"那个女子整个心就依附在他的身上，希望他以后能回来娶她。结果弟弟没考上，哥哥很顺利地考上了进士。弟弟还回来跟她说："我还需要一些盘缠。"又把那个女子的钱拿了一大半走了，从此没了消息。这个女子以泪洗面，写了一封信寄给弟弟，结果这封信寄到了哥哥手上。哥哥一打开来，啊，弟弟怎么做出这样的糊涂事！

哥哥考上进士了，弟弟没上。不只弟弟没上，弟弟的儿子本来很优秀，一二十岁就有很好的表现，考试都一帆风顺，结果突然双眼瞎了，死了。弟弟痛苦万分，自己就这么个儿子，最后也因忧伤而死。本来是命运相同的两兄弟，一个坚持德行、道义，一个违背了德行、道义，结果不只自己的命运不同，连后代的命运都不一样，哥哥的子孙都很兴旺。所以这个故事给我们很大的启发，真的，我们的行为、我们的德行是后代子孙的啊，是一体的。

嫁给孝子的判断

所以当我们面临人生的很多抉择，不复杂，只要循着良心、道义就对了。我们有一位同仁，跟先生谈对象的时候，在同一家银行，先生的母亲也在那家银行。有一天公司举办抽奖，先生抽到了一条金项链，同仁说：“马上送，马上送。”大家在那里起哄，那时候是她男朋友。他说：“送就送。”底下人问：“送给谁啊？”我们这个同仁在底下心脏跳得很厉害，“怦怦怦”。结果他送给谁？他说：“送给妈妈嘛。”心跳有没有停止？我们这个同仁当下觉得很没面子，很想冲出去：“跟你分手。”但还是伏住了自己好面子的习气。她冷静下来想一想，虽然没送给我，但是他送给谁啊？送给他的母亲，代表他很有孝心嘛。

假如那个当下真的是送给你，你要不要嫁给他？你们这个时候怎么犹豫了？你们这个时候变成看在这条金项链的分上了吗？他真的送给你，你不要嫁给他。他没想到他母亲，他没有孝心，哪来的爱心？反而是他送给了母亲，等到这个同仁心情比较平和下来，比较冷静了，觉得毕竟他是有孝心的，后来真的嫁给他了。嫁给他之后更加肯定嫁对了，先生非常爱护她。有孝心的人就有爱心、有责任心，非常顾家。而且很尊重太太，太太决定辞掉工作来照顾女儿，顺便弘扬传统文化，先生一口就答应了，支持她这么做。所以她后来有机会上台，面对年轻人，还没结婚的，她都会告诉她们：嫁孝子绝对没错。这就是她的判断力，也是她的智慧。

思想决定命运

诸位同学，智慧从哪里来？孔夫子说“好学近乎知”，从学习中来。那我们再冷静地来看，明明很多人学的时间很长，读到博士，但他对人生有没有正确的判断？选择朋友，选择食物，很多方面他不见得有智慧去判断。为什么？他学错了，他学到的是错误的思想观念。诸位同学，错误的思想观念在哪里学到的？很可能在你的教科书上。有没有可能？有。你看达尔文的进化论是什么？是物竞天择，生命之间都是互相竞争的。为什么会有第二次世界大战？犹太人为什么会被残杀？因为日耳曼民族觉得他们自己是最尊贵的。请问这个思想从哪里来的？所有浩劫都是思想错误造成的。

思想决定行为，渐渐地行为就成了习惯，就成了性格，最后就变成命运了。所以从一个人的习惯、个性可以推断他这一生的命运，从他的思想都可以推断他的命运。一个人的思想决定了这个人的命运，一对夫妇的思想决定了这个家庭的命运，一个社会的思想决定了这个社会的命运，一个民族的思想决定了这个民族的命运。诸位同学，你看我们民族的命运在往哪里走？一个拥有五千年悠久历史文化和智慧的民族，其中有的人却抛弃了自己祖宗的智慧，变成短视的人。你看，不听老人言，从高度智慧堕到短视。短视到什么程度？可以为了几千块、几万块钱，伤害自己最亲的父母、爷爷奶奶。这在五千年的历史都是空前的，我们希望这样的事再也不要发生了啊！

好多年前发生了一起案件，儿子雇杀手把他的父母都杀掉，而且在法庭上没有丝毫悔意。这样的情况发生了，我相信我们的祖宗都很痛心："我们已经很对得起你们了，把这些智慧都给你们了，你们这样糟蹋，我们也没办法啊！"诸位同学，我们自己、我们家庭、我们民族的命运决定在我们手上，我们的思想观念要对，我们要有判断力。幸好我是读了古书以后再走入教育界的，不然真的也会被误导。有一个曾经拿过诺贝尔奖的经济学家讲了一句话：企业唯一目的是赚取利润。诸位同学，这句话对不对？大错特错啊。可是他居然拿了诺贝尔奖，这个时代太缺乏智慧的判断。这句话有没有可能在中国出现，在我们的民族出现？"君子无所争，必也射乎！揖让而升，下而饮，其争也君子。"哪有可能跟人竞争，还要取人家民族的信任？我们的民族是互助互爱，郑和下西洋是在明朝最强盛的时候，没有对一百多个国家侵略，反而是这一百多个国家学习我们的文化、技术。

圣贤的智慧可以帮助世界

为什么 20 世纪 70 年代汤恩比教授讲，解决 21 世纪的社会问题要靠两种学说？这是世界公认的历史哲学家讲出来的话，英国人。

只有两种学说可以救这个世界，孔孟学说跟大乘佛法。其实说实在的，圣人智慧都能够救这个世界。你看孔孟的核心——仁爱，大乘佛法的核心——慈悲，天主教、基督教的核心——博爱，统统一个意思，慈悲、仁爱、博爱是一个意思。只要我们肯听圣人教诲，这个世界就有救了。

我们要从思想转变，不然自己的命运真的都掌控不了。你看，整个世界的纷乱从哪里来？从自私的心。西方强调自我为中心，讲得这么文绉绉的，什么叫自我为中心啊？说白了就是自私自利，把自我排在第一位。自私自利提升，变成什么态度？竞争。竞争再提升，变成什么？斗争。斗争再提升，变成什么？竞争、斗争、战争，每天打开报纸，这些戏统统在上演。而且这个竞争，全世界还把它搬到教科书上，我们被误导，自己都不知道。

我读初中、高中都是竞争的心态，人家考得好，我就嫉妒；考得不好，我就踩他两脚："你看我都没读，比你考得还高。"把自己人生的福都折光了，思想的偏差是根本问题啊。战争再上去变成什么？（答：末日。）希不希望末日到来？诸位同学，末日不见得是核子弹爆炸，中国话讲"生不如死"，那个叫末日。

当人与人没有道义，当孩子不懂得孝顺父母，当夫妻之间都互相伤害了，当君臣之间也是自私自利了，人都没有安全感。所以未来世界最严重的疾病之一叫抑郁症，这个比例越来越高。现在靠安眠药睡觉的人多不多啊？那个日子好不好过？不好过啊。我们不要被所谓的物质文明给骗了，我们要追求真正的内心轻安、自在、踏实的幸福。有人很羡慕一些国家的福利很好，人老都有国家照顾。

可是，到了养老院幸福了吗？变成什么？坐吃等死。很多老人不愿意去，为什么？每天就听到二十二号床走了，三十五号床走了。活着的每天在那里想：什么时候轮到我？所以很多老人不愿意去，每天看到的都是这些场景。有天伦之乐，含饴弄孙，那才是人生真正的幸福。所以，竞争这条路是死路啊！

现在全世界都在那里伤脑筋，真的，现在很多国家都在研究整个中国传统文化，我们自己反而不懂得去深入。英国，派出最优秀的人，包括剑桥大学，那几所知名大学，汉学系都不知道研究多少年了。我们上一次去英国，到他们汉学系，看到一个英国人用中国话主持，讲得很标准，我们听了都觉得很有意思，他们在钻研中国圣贤的教诲。

“大道之行也，天下为公”

这条路不能走，哪一条才能走？这几天周老师给我们的这些叮咛、这些教诲，最重要的是孝道，所有管理、所有事业的基础在孝道。有了孝心，再推己及人。“教以孝，所以敬天下之为人父者也。”不是我的父母辛苦而已啊，人家的父母都不容易。所以一个孝子看到别人的父母，那种恭敬自然就出来了，一点都不是刻意的，这个时候仁爱心出来了。“教以悌，所以敬天下之为人兄者也。”尊敬自己的兄长，对一切人的兄长都尊敬。到同学家，同学说：“这是我哥。”一听到“哥”这个称谓，那个心境就出来了。“教以臣，所以敬天下之为人君者也。”你看这些经句都是智慧，都是判断力。所以，诸位同学，学习要真正学对东西才行，要学亘古不变的经典。

之所以为经，就是超越时空。不学经典，错误的思想很容易把我们误导。

《孝经》这几天大家有没有读？“先王有至德要道，以顺天下”，这个孝真的用下去了，“民用和睦，上下无怨”。太平并不难，只要孝能行于天下，社会风气马上就改。仁爱再提升，人与人都是互爱。我们小时候，哪户人家要娶媳妇了，不是一户人家忙，整条街的邻居们都忙起来了，我还去当花童。大家要相信，我小时候还是挺可爱的。你看，都是互助互爱的氛围。父母没回来，你到哪户人家都可以吃饭，人家还盛情款待。纵使物质生活不是很优厚，但是那种生活的氛围都很欢喜。到了夜晚大家出来乘凉，在那里讲古。现在还有没有？根源在思想上的一念偏差，从孝心、仁爱变成自私。所以大同世界并不远——“大道之行也，天下为公”。这条路才是活路。

我们在汤池就是为了证明人是可以教得好的，传统文化确实可以让社会发展得非常好。花了一年时间，社会风气转好，我们还到法国联合国教科文组织做了几场报告，一百九十二个国家参加。结果过了一年他们还记得，有几十个国家要一起来参观这个小镇。

我们到桃园来上课，桃园，想到什么？“三结义”。此时此刻就是我们把道义拿出来的时候，对我们这片土地，对故乡母亲，我们要有承担；进一步为了后代要有承担，发展文化教育，我们有机会为中华文化复兴贡献一份力量。你看，我们这些同学素质都这么高！有这么好的机会，最后错失掉，再过二十年，我们见面都是相对而泣，那就为时已晚啊！要抓住宝贵的机会。要直下承担，“当今之世，舍我其谁”。

诸位同学，我为什么走上这条道路？因为我教书那几年，看到的不是一代不如一代，我的孩子们是一届不如一届，真的堕落得太快了。所以不可以视而不见，这个时候我们要踏出来。现在社会最需要的就是伦理道德教育，所以我把工作辞了，到澳洲去学传统文化。我失去了吗？一点都没失去，得到越来越多的大众对我们的支持跟爱护。所以人要懂得舍啊。为了道义，该舍的时候要舍，一舍你马上就得。

我们中心的老师来自大江南北，北到内蒙古，南到海南岛，西到新疆，东到山东，全部都汇集了。第一届来了三十九个人，很有意思，我们培训的那个地方有三十九棵杉树，都挺立在那里。觉得累的时候，一看到那些树这么挺立，都不敢喊累。一天学习超过十二个小时，真干啊，真是练啊！但是觉得踏实，看着社会堕落才痛苦、才累，帮得上忙，不累。这种善心发出来了，都还没有去服务大众，已经得到大众的爱护。我们中心那些衣物、粮食，是四面八方的同胞送过来的，都还没付出，只是这份愿心，就感来各地长辈、朋友的支持。穿的袜子是从深圳来的，衣服是从北京来的，吃的面粉是从河南郑州来的，吃的糙米是从东北黑龙江来的，吃的苹果……我为什么这么熟呢？因为我都穿过吃过。吃的苹果是从山东烟台来的，一百多箱一次运过来。

诸位同学，看到这么好吃的苹果你想到什么？想到父母。很多老师都是离乡背井，父母不在旁边，苹果又不方便寄，寄过去会摔烂。我们的老师虽然远离家乡，但是把这个地方的长辈当自己家人看，他们兵分多路，把这一百多箱苹果全部分给镇中心的人家，一户人家两个，都分完了，自己都没吃。过没几天，那些阿姨知道我们把苹果分下去了，又寄来一百多箱，就怕你没吃到啊。她们打电话来说：“前面一百多箱是最新鲜的，现在已经隔了一个礼拜，可能没有那么新鲜了，让你们吃这个，真不好意思！”我们在电话这头都不知道话怎么接。你看，长辈们爱护我们，就像爱护自己的亲儿子一样。

长辈对我们的爱护，成为我们源源不绝向上的动力。时时想着这么多人的爱护，都自动去努力。夫子讲：“道之以政，齐之以刑，民免而无耻。”都是用这些条文，用这些处罚，他只是躲避，不让你罚而已，不见得有羞耻心。但是，“道之以德，齐之以礼，有耻且格”，有羞耻心，有人格修养，懂得自己要求自己，不需要人家要求。师长是我们中心的校长，为了世界和平疲于奔命，在世界各地走来走去，老人家都不喊累，我们当学生的怎么敢喊累？老人家用德行、用风范来带领我们。

孝道是一切圣贤教诲的根本

那年除夕的早上，我们三百人站在万姓祖宗的牌位前祭祖。最后我们有念两篇经文：《礼运·大同》篇跟《弟子规》。这把扇子，是老人家亲笔写给我们的，一面是《礼运·大同》篇，另外一面老人家写道：四书、五经、十三经是枝叶花果，《弟子规》是根本。我们把这个道理再往外推，所有宗派的经典都有一个根，有根才能让它的教义产生移风易俗的教化作用。诸位同学，根在哪里？孝道。孝道是一切圣贤教诲的根。所以推展《弟子规》，那是在救所有宗派的根、所有圣贤教诲的根，我们这个时代是在救根啊！诸位同学，假如连根都没救起来就没机会了，我们可能就眼看自己民族的智慧和文化断在我们面前，我绝不愿意看到这样的情景。

扇子的一面是《礼运·大同》篇，师长期许我们要把礼运大同演出来。你们回去弘扬民族文化，一定会遇到一个情况：你讲得很好，同学马上给你泼冷水，“那个都是理想，做不到”。你要怎样面对这个情境？想到哪句话？想到“人不知而不愠”，想到要“为人演说”。这个次序不能颠倒，演得好，你的话人家非常有信心。假如我们自己都还没做到，拿着《弟子规》去说给别人听，甚至去要求别人，人家马上回我们一句：“你五十步笑我百步。”所以演很重要，要表演出来。

所以《礼运·大同》篇，当我们在汤池做了一年，读每一句都觉得很欣慰，觉得这一年没有空过。“天下为公”，我们把私心放下来，一心一意复兴文化；“选贤举能”，哪个人学得很好，哪个人很能付出，我们赶快让他承担；“讲信修睦”，我们下到各个村镇里面去交流，去讲《弟子规》；“人不独亲其亲，不独子其子”，我们长期教导当地的孩子，去照顾那些老人，给那些老人关怀，还给他们发敬老金。年前我们都会去发两千多份敬老金，大家发得很欢喜，“使老有所终，壮有所用，幼有所长”。老人俱乐部每天都有课，可以唱歌，可以编织，可以吹乐器，他们的课都排得很满。每天有学习，他们觉得很充实、很快乐。

所以这些经典不是供在书柜上面，每一句都可以做到，可以变成生活。从我心做起，从我自己家里做起，经典就完全能够开显出来。所以学习重在专精，一本经义了达了，通达了，一经通了一切经都能通。你看《弟子规》真正扎根了，我们花半年一年把《弟子规》学好。什么是学好？学一句做一句。当初我们培训第一批种子教师，师长勉励我们说：“做了以后再说是圣人，说了以后能做到是贤人，说了以后做不到是骗人。”我们来这里是复兴文化，不是来骗人的。所以经句是先要求自己，不是去要求别人。所以师长又说：“我们是学儒，不是儒学。”学儒是学圣人的存心，而不是拿来研究，跟生活脱节。

为什么在清朝末年，文化会遇到这么大的浩劫？就是因为把这些学问只拿来研究，拿来谋自己的官位，却没有好好地去照顾家庭、社会。这些读书人说一套做一套，怨气慢慢积累，到了五四运动，一发不可收拾。我们不能再重蹈这样的覆辙，要有实学啊，要学儒、学圣贤，不是拿来研究。假如每个读书人真正学的是范仲淹的风范，文化有可能被践踏吗？每户家庭急着把孩子送去学习经典，希望成为范仲淹，怎么可能会瞧不起自己民族的文化，甚至还要毁掉啊？所以，殷鉴不远啊，这对我们学习传统文化是很重要的提醒。我们的生活就是把《弟子规》表演出来，甚至去面试的时候，也是把《弟子规》表演出来。

七、仁义礼智信才是做人的味道

拾回赤子之心

我们前面的课程谈到人要下对抉择，要有判断力。判断力来自我们的真实智慧，而智慧必须学习才能契入。孔夫子说："好学近乎知，知耻近乎勇"。什么样是知耻呢？"勿自暴，勿自弃，圣与贤，可驯致"，这叫知耻。堕落了，就是不知耻。"力行近乎仁"，力行圣贤人的教诲，才能深刻感受到现在人心的痛苦，现在社会的需要在哪里，那不是空想想得出来的。

我们的老师在过年前都会去慰问老人。汤池镇有两千多个老人，我们老师下到村庄里面给老人发敬老金。师长说在他小时候，过年前都会有敬老的活动。那个时候的民风非常淳朴，都懂得爱老尊老，表达这份晚辈对上一代人的敬意。那个时候都是拿着一些食物，比如挂面。按物价折算，差不多五十块人民币，五十块人民币可以买很多东西。

我们下去后也是百感交集。那些老人进来领敬老金，一开始面无表情的很多。我们的老师给他鞠躬，给他倒茶，都没什么反应。诸位同学，当你对人很爱护、很尊敬，人家没反应，要不要内伤啊？不要。我们更要感受到，一个人面对这样的善意没有反应，代表他的人生遇到很多无奈，甚至是伤害。他那副冷漠是渐渐形成，他也不愿意这样，是吧？你有没有见过一两岁的孩子就很冷漠？没见过吧？公园里面一两岁的孩子碰在一起，一下子就成朋友了，在那里玩耍，是吧？大人还很麻烦，还得交换名片，然后商量半天，这个人有没有来历。多累啊！所以拾回赤子之心，那是真正的学问。拾回那份真诚，那份平等、慈悲的态度。

我们看到这些情景，更感到现在社会人心的无奈跟痛苦，更感受到要用我们那份至诚来融化冷漠。这就是"力行近乎仁"。在做的过程当中看到这些现象，在整个家庭、社会当中看到这些不如意处，没有抱怨、埋怨，只有一个态度——承担起责任，想办法去改善。不然人生太多的精神、时光耗在怨天尤人上面，一点意义都没有。这个要理智，不要感情用事。

老人进门、被接待，都没有什么反应，但是慢慢地冰也会被真情给融化。村里面的干部恭恭敬敬给老人鞠九十度躬。因为要证明，还要按个红手印，我们的老师拿着湿纸巾，很仔细地给老人把手擦干净，然后扶着老人出去。擦手的时候，老人的表情就开始变化了，离开的时候笑容都绽放出来。

有些老人跟我们关系比较密切了，很有意思，有时候忘记带钱，又想坐车回家，就会到我们中心坐半天。我们的接待人员觉得奇怪，老人怎么坐这么久？老人也不好意思说他缺钱坐车。然后我们就问："老人家，您是没钱坐车回去吗？""哦，是。"我们赶快拿钱。我们都要会察言观色。我们的车在镇上走，只要看到老人，我们就会停车，然后把老人送回家。老人一路上就是"好人啊，好人"，那个氛围非常好。

不只老人跟我们关系很好。还有夫妻两个吵架说要离婚，邻居说："你们先别离，先到文化中心去坐一坐。"结果真的，这对夫妻去了中心办的镇民学校。我们有一位老师，他才二十四岁，没什么婚姻经验，当天下午跟他们谈了两三个小时。本来是要离婚，谈完，两个人是拉着手走的，后来也处得挺好的。我们这位老师后来奔赴前线，到监狱去给服刑人员讲课去了。

在力行中体会社会的需要

真的，都是在力行当中去体会社会的需要。面对一些没法行动的老人，我们的老师都是登门拜访。进到屋里面，看到一些情境很受触动。八十岁上下的老人，住在一个破屋子里面，那应该是五六十年前的房子，可能已经住过三代。零下五六度，老人只盖了一层被子，那是受不了的。每天都是冷风飕飕地吹，连玻璃都不完整。在这个破房的旁边，盖了一栋三层楼的洋房，刚好就连在一起。诸位同学，这栋洋房是谁住的？老人的儿子跟孙子住的。而且大门深锁，锁起来了。他们去哪儿了？赚钱去了，就是不肯让老人住进屋里。我们的老师看到这样的情境，眼泪都不自主地掉下来。我们的社会怎么变成这个样子，这么忘恩负义？

受过传统文化教育的读书人，都了解一个态度，不要为结果在那里打转、抱怨。最重要的，如何改善？觉悟的人去找原因，迷惑的人才责怪结果。为什么会这么不孝呢？因为他们没有受过伦理道德教育，不懂孝道。《礼记·学记》讲，“建国君民”，什么最重要？“教学为先”。这些老师回来以后更积极地学习，说一定要好好学，赶快把孝道弘扬开来，不忍心再看到这些情境。真的，这些老师去发敬老金，几天下来，面相都不一样，那种慈眉善目都出来了。大家有没有看过那些古装戏？活到八九十岁的人，眉毛都垂下来，慈眉善目。所以我最近都在拉眉毛，看能不能长一点。诸位同学，假的真不了，用拉的只会伤害身体。最重要的是什么？从心修起，相由心生。

有个大学生来听课，他们家就是这样的情境，他的奶奶就住在破房里面。这个年轻人非常难得，他回去之后，也没有说父母的不是，他默默地把他的房间整理好。说实在的，现在这个时代都颠倒了，你看，吃饭谁先吃啊？“知所先后，则近道矣”，整个家道、整个人道怎么建立起来？先后不能颠倒。而现在的颠倒处处可见，连吃饭都颠倒。

想当年，我五六岁的时候，都是我去叫爷爷吃饭。你看我们那个对爷爷的恭敬，一声“爷爷，吃饭”，爷爷听到了怎么样？高兴啊！对下棋的朋友们说：“我孙子叫我吃饭了。”高高兴兴跟我回去了。一路上，邻居看到这一幕，都露出微笑。这种天伦之乐，每个人看到都欢喜。现在这个时代不一样，谁叫谁吃饭啊？爷爷奶奶、父母去叫孩子吃饭，还要三请四请，请来了还得陪他跑马拉松，喂一口跑一百米。这能不乱吗？

食，吃的方面乱了；衣，穿的方面也乱了。都给孩子买衣服，就没给父母买衣服。杨老师提到，衣冠文物代表一个民族的文化。假如衣服穿得很乱，这个民族就乱，就堕落下去。所以衣着应该非常端庄，比如我们传统的服饰唐装，还有其他很多服装。有一位老板听了很感动，马上就投入进去，生意做得很成功。

有一个四十多岁的妇女，她在那里选唐装选半天，后来跟服务人员说：“我要选一件布料很好的衣服，送给我婆婆。”接着她说：“我跟先生结婚二十二年了，都没叫过我婆婆一声妈。”诸位同学，你们有没有什么感受？嫁过来已经二十二年了，连称呼一声妈都没有过。这二十二年来，家里人的身体没出状况，我也觉得很奇怪。假如是我，一定撑不下去。有缘做一家人要珍惜，不要互相伤害。

“兄弟睦，孝在中”

兄友弟恭，“兄弟睦”，怎么样？“孝在中”。很多人听完课之后惭愧了，本来还以为自己是孝子，结果跟妹妹都两年没讲话了，跟哥哥好几年没联络了。有一个姐姐回去以后，赶快打电话给她妹妹，两年前就因为一句话不高兴，一直没讲话，还觉得我给父母钱比我妹妹多，我比较孝顺。愚昧啊，都感受不到父母的心境！一个人情绪上来了，真的什么都看不清楚，也感受不到。所以我们古圣先贤强调控制自己的情绪、脾气，窒欲、惩忿的功夫很重要。

当她打过去，妹妹一听到她的声音，又听到她说“妹妹，对不起”，在电话那头放声大哭。幸好才两年，不然那样憋着，血脉都会淤，堵塞，最后细胞可能发生病变。大家知道吗？研究癌症的顶尖的这些专家下了结论，癌症超过一半是情绪造成的。所以，诸位同学，假如我们身旁的亲人有得癌症的，虽然可能不是我们逼的，但是我们体会不到他的苦，就没有尽到这份责任。这都是值得我们去感知的。

你看，一个媳妇嫁过去，二十二年不叫妈，婆婆有多辛苦、多难受！不只婆婆难受，诸位同学，还有谁难受？先生夹在中间。我真佩服这些人，忍耐的功夫很好。不只先生很痛苦，还有谁很痛苦？小孩。我们问过五六岁的孩子：“你觉得一个好妈妈、好媳妇的条件是什么？”因为我们谈到“四德”，其中之一是妇德，妇女的德行。小朋友首先就说：“要对爷爷奶奶好。”你看，孩子的心声哦。家里一不和谐，孩子就觉得很痛苦；家里一和谐，孩子的人格就很健康。所以掌控情绪，是我们的责任和对家人最好的爱护。

不要做心灵的奴隶

那怎样把脾气给压下来？总有方法吧。你看中国字讲“怒”，要把“怒”转为什么？“恕”，宽恕。我们真正体会到“怒”是心变成奴隶。诸位同学，要不要当奴隶？人明了理，就不会再干堕落的事情。真的是知难行易。

打个比方，一个人背着一包肮脏的垃圾，背了好长一段时间了，臭气熏天。他已经熏久了没感觉了，但是走到哪儿人家都觉得很痛苦。你看我们一些生活习惯，自己浑然不知，结果走到哪里，哪里遭殃。突然有一天有人给我们指出来：“老兄，你背着的那个是肮脏的垃圾。”我们打开来一看，哇，这么臭！下一刻会怎么样？一刻都不想留啊，赶快丢出去。当场就放下了，明白以后不愿再干傻事，谁愿意干对自己没好处，又伤害别人的事？没愚痴到那个程度。真认识清楚了，丢出去，以后不愿意再犯。有没有哪个人要丢出去的时候，又说，它都陪我二十多年了，没有功劳也有苦劳？不可能这样的。

一来，自己不要再做奴隶了；二来，把这个“怒”好好地削磨，好好地修正自己的脾气，变成有原则，像这个“恕”字一样。“恕”是如其心，当一个人愤怒的时候，你感受到他内心的痛苦没有？你看，那个时候专注点都在自己，你怎么可以对我这么凶？假如那个心境能感受到对方的心，就会了解他一定是长期压抑、痛苦，情绪才会这么大，可恶之人必有可怜之处。你要如其心啊！

我有一位长辈，在单位表现很好，也很有才华。一个同事很嫉妒他，常常造一些谣言毁谤他。我这位长辈也没跟他计较，因为他很喜欢看古书，明了应该对人宽恕、包容。后来这个同事遇到一件事情很危急，需要人帮忙，结果找不到半个人帮他。为什么？他嫉妒别人的那种心境，怎么可能交得到好朋友？真正遇到危急，没有半个人愿意伸出援手。这个时候谁突然伸出援手了？我这位长辈主动去帮他。因为他根本不敢来找我这位长辈帮忙，毁谤人家，其实他自己也觉得良心过不去。这个时候主动帮忙，会不会震撼他的心灵？会。我这位长辈帮他处理完，两人就成为好朋友，那个同事跟他无话不谈，被他感动，“精诚所至，金石为开”。

我们只怕我们的德行不够去感动人，不怕人不被感动。我们刚刚看完《达摩祖师传》，一幕一幕的场景印在我们的心中，我们要去效法。在一般人心中，盗贼都是比较浊恶的人。那个盗贼头子把箭射向达摩祖师，还点火烧他，但是整个过程，达摩祖师看他的眼神都是很真诚的。有没有生气？没有，都是以德报他的怨。所以这短短的过程，把一个人的心给感化了。当盗贼头子把弓箭放下，他已经转恶意为善心了。我们看到这一幕，期许自己德行能像祖师这样，那我们一生能救起多少人不再沉沦！

后来我这个长辈才了解到，这个同事的成长过程很不顺利，夫妻相处又很不融洽，互相不信任。你看他有多苦，憋到那种程度，待人才是情绪用事。所以你能够体会他的苦，就不会跟他计较。而当你有这份宽恕、包容，进一步又去成就他，精诚所至，金石就开了。好，这是转怒为恕。

化人先正己

刚刚跟大家提到的是，我们生活的很多细节都要遵循伦常道理，不可以先后颠倒。吃东西要长辈先吃，买衣服要先想到长辈。那个媳妇，二十二年了才买这件衣服，我在想，当她跟婆婆说："妈，这件衣服送给你。"她婆婆会怎么样？"我这是在做梦吗？"捏捏大腿。住也是一样，应该把好的环境先给老人，这才叫饮水思源。那个大学生听了课，回去把奶奶接到自己的房间里住，自己睡沙发。

诸位同学，你们想想，他是睡在床上舒服还是睡在沙发上舒服？我们不要只看表面，当自己至亲的奶奶睡在这样不好的环境，我们睡着很高级的床，那真的是睡不下去。假如睡得下去，已经麻木了，那更惨。以前是睡不安稳，觉得怪怪的，还不知道怪在哪儿。后来让奶奶睡自己舒服的床，自己睡沙发，很痛快。不到几天，他的父母就整个转过来了，很惭愧，对老人就特别孝顺了。你看这位大学生也是非常善巧，他没有去批评父母，他自己先做到，自然就感动了一家人。所以，诸位同学，我们回到家里能不能拿着《弟子规》去要求别人？拿去要求别人，你就变成瘟神。从我自己做起，正己化人。

所以孔夫子跟我们说的"智仁勇"三达德，对我们一生非常有帮助。我们要时时想着，"好学近乎知，力行近乎仁，知耻近乎勇"。"智仁勇"，事实上我们时时都可以去力行。比方说，现在板书写得很多，我又来不及擦，这个时候你们会怎么做？你们还考虑这么久吗？是不是帮我擦一下，我待会儿写就比较方便？这个动作就有智仁勇。"仁"是能够体会到对方的需要，我们体会到讲课老师的需要，这就是仁心；“勇”，人家不敢做，“哎呀，上去很丢脸”，我们敢做。真的，我们要突破惯性，就要把面子卖掉。诸位同学，现在各大学的面子一斤卖多少钱？我带了不少钱来。你不放下面子，德行不可能提升上去。然后，“智”，能判断什么时候该擦，什么时候不该擦。不然一擦，老师回来，哇……你看，“智仁勇”都可以在生活的点滴当中去落实。

追求欲望的悲哀

所以学习真理，学习经典，成就我们的智慧、德能，进而能判断，能下对人生的抉择。抉择最重要的是择思，抉择我们的价值观。价值观就好像方向、目标，方向、目标错了，人生一点意义都没有。我们的目标就是来享受，那一辈子就变成物质的奴隶。我们常谈生涯规划，什么才是真正的生涯规划？什么样的生涯规划才能让生命产生无穷的价值？

功利主义之下，一般人都觉得，小时候能玩尽量玩，像天堂一样。进入职场，一些欲望形成了，你要享受就得赚钱，天堂就变成战场。你要赚，人家也要赚，就在那里跟人家竞争，甚至尔虞我诈都出来了。开不完的会，说不完的话，吃不完的饭，喝不完的酒，睡不着的觉，真的，假如时时都想着如何击倒对方，日子可不好过了，是吧？眉头都好几条线，有没有？然后，老年变什么？年轻的时候都是跟人家竞争，也没有顾及孩子的教育，他不懂得孝顺你。甚至于孩子没教好，你三四十年的努力，被他哗啦一下子全花完了。祖宗赚钱，犹如针挑土，用针这样一粒两粒慢慢积累。子女败掉家产，浪淘沙啊，就好像浪拍上来，一堆沙马上就卷走了。往往三四代积累下的祖业，一代花光了，甚至于五年全败完的都有。

所以，“至要莫若教子”。人生的智慧在哪里？轻重缓急看得出来，知道孰轻孰重。孩子没有教好，晚年就没有办法享天伦之乐，最后就变成坟墓了。小时候像天堂，其实说实在的，那是误解了，不可能是天堂。大家注意看，现在五岁八岁的孩子，物质享受好不好？好。但是你看他们的脸，天真不见了，都很忧郁。什么时候才会看到笑容？欲望满足的时候。有东西吃的时候，他笑了。他没有内在的那种喜悦感，都是在那里满足欲望。满足欲望像什么？就像吸鸦片一样，吸了，很快乐。快乐多久？那个快乐是走向坟墓，走向痛苦。那都是让孩子、让自己变成欲望的奴隶，这要冷静啊！诸位同学，跳完舞快乐吗？更空虚啊！

有个孩子跟母亲出去买东西，她想买的还没买完，妈妈没钱了，她很不高兴，当街打母亲啊。太嚣张了，路人都看不下去了，说：“你怎么不教训一下这孩子？”这个妈妈说：“我舍不得打啊。”诸位同学，六岁做出这样的行为，可不可恶？我们不要在可恶当中打转，要把原因找出来。倒带，倒到她一岁多的时候，第一次到商场。“我要买，我要买。”“这个东西家里有了，别买了。”“我不管。”呜——这个时候妈妈说：“好了，给你买。”她哭了半天，一听，马上就笑了，你看这个小孩奸不奸诈？给她买了，她快乐了吗？她哪有快乐？欲望来的时候竟然可以打妈妈，这叫“得乎欲而喜”。

人生的快乐要搞清楚，“得乎欲而喜”，欲望满足了，好高兴啊，“悲可立俟”。你看，当一个人迷上网吧、迷上毒品，不只他悲，全家人都遭殃。所以不要追求欲望啊。你看这个小女孩，才六岁就变成这样了，诸位男同学，以后长大了嫁给你好不好？谁敢娶，是不是？诸位女同学，我们能不能变成这样的人？很多爸爸妈妈说：“哎呀，我这个女儿真是太难管教，赶快把她嫁掉。”太没道德啦，“己所不欲，勿施于人”。所以孔夫子的教诲要记得，不记得不行。

诸位长者，假如你的女儿脾气这么大，不可以放出去害人，会搞得人家天翻地覆。这个时候怎么办？赶快教她学《弟子规》，赶快带到我们这里参加读书会。很多孩子本来都跟父母断绝关系了，来熏习两三个月，良心发现。爸爸不相信他改变那么大，真的到学校来看，他给爸爸倒茶，倒完茶在旁边伺候，爸爸感觉像在做梦一样，晚上还给爸爸洗脚。男人再怎么坚强，面对这个情境，十多年在那里熬，现在突然帮他洗脚，眼泪都忍不住。还有一个年轻人，好像是十六岁，听了三天的课，晚上回去给爸爸跪下来忏悔。那个父亲感叹：“我当了十几年的父亲，第一次感觉到当父亲的幸福。”这个父亲后来在我们中心工作，因为自己家庭得那么大的利益。他本来是企业界很成功的一个老板，后来交给员工去做，自己投身来弘扬文化。

遵循道义得来的喜悦长长久久

所以真的，“人之初，性本善”，善是真的可以唤得醒的。当我们看到这个句子，多感恩自己的父母啊！所以“人不学，不知道”，你生命当中真正的恩人，你还把他当仇人看。就像梁武帝遇到达摩祖师，达摩祖师可以让他开悟，结果梁武帝没有开悟，他自己觉得很有功劳，你居然觉得我没功德。父母爱我们，我们没有智慧，还跟父母生气，是不是？你看，第一天把我们拉来，我们还心不甘情不愿。所以真体会到父母的用心，孝就很自然提得起来。

我小时候有一次跟我妈妈要东西，我妈妈在那里看她的书，不理我，像关公看《春秋》一样，如如不动。我看这一招好像不行，绝招要拿出来，马上躺在地下打滚，在那里滚啊滚啊，滚了十几分钟，我妈妈真的连看都没看我，继续看她的书。突然我开悟了：第一，冬天的地是很冷的；第二，滚来滚去还是挺累的，我还是休息一下吧。从此以后，谁愿意在那里做没有结果的事情？我就循着正确的处世态度跟母亲相处，坏习惯就改掉了，就不会再继续追求欲望。你看，父母就是我们的护法神，保护我们的智慧、人格、德行。

“得乎道而喜，其喜曷已”，这个喜悦不只会欢喜一下子，它会长长久久。这个“已”是停止。我记得小的时候，只要是好吃的东西，冰箱里拿出来，都是爷爷奶奶先吃。我们从小就习惯了，做得也很高兴啊。读小学的时候，到一些地方参观，那些地方都有名产，我就会买奶奶喜欢吃的豆腐乳。你看，我一买就高兴了，抱在怀里，一路上都想，奶奶接到这个豆腐乳，不知欢喜到什么程度。你看，不只自己高兴，亲人都高兴、都欣慰。我相信我爸爸也非常高兴，虽然他没有说出来。

豆腐乳拿给奶奶，奶奶高兴多久？一辈子都不会忘。尤其是刚拿给她的那个礼拜，逢人就讲：“哦，我孙子好孝顺。来，吃一块豆腐乳。”这样的人生快乐，方向不能错啊！

让走过的人生无怨无悔

追求真正长长久久的喜悦，“得乎道”，要能够“留取丹心照汗青”。“人生自古谁无死，留取丹心照汗青。”诸位同学，什么是丹心？是我们的真诚心、至诚的心。汗青呢？历史。谁的历史啊？你不要告诉我是文天祥的历史，那样的话，圣贤人的表演你都学呆了。我们的人生，凡走过必留下痕迹啊。所以，首先要写谁的历史？诸位同学很有智慧，先照自己。对得起自己才能对得起别人，能爱惜自己才能爱护别人。欲爱人者先自爱嘛，不自欺才能不欺人。诸位同学，你们回想自己的人生过程，有没有哪一年走过来，回首来时路无怨无悔，踏实，痛快？这样才叫做人的滋味。“三才者，天地人”，我们要把做人的味道做出来，都去追求欲望，连点人气都没有，这一生就糟蹋了。

所以择思重要，方向重要。不只照自己的历史，还要照谁的历史？让我们的父母一想到我们，就觉得这一生的努力太值得了，有这样的孩子，感到光荣。这是在父母的人生写下我们这份至孝、德行，无愧于父母，无愧于祖宗。这叫“照汗青”。

还要照谁的历史？子孙后代。我很早就想了，为什么？因为我小时候去扫墓，看到我的名字刻在墓碑上，而且我们这一代人我排在第一位。不是跟大家讲过了吗？那些堂弟叫我“哥”，那一声“哥”就会让我深呼吸，我是家族的头，要当好榜样。所以，人生有承担就能够不断地提升自己；假如悠悠放任，那就堕落了。要有一份承担，一份使命，要为后代子孙写历史。

还有没有？你的兄弟姐妹，因为兄弟姐妹是陪我们最长久的亲人。兄弟连枝，父母是我们的根，我们是生出来的枝丫，都是一体的。“兄弟连枝各自荣，些些言语莫伤情。一回相见一回老”，你们好像印象还不深刻，像我们这些有一点年纪的，四舍五入已经四十岁的人，这个感觉就明显了。而且真的，兄弟姐妹的感情很深。回想小时候，一支冰可以三个人分着吃，有没有？我有两个姐姐，当我被人家欺负，姐姐突然就变成无敌铁金刚。那个印象太深了，当下那种对弟弟的呵护，纵使是很会打架的人都被吓走了。

《德育故事》里面有一个女子，她的父亲被老虎咬住了，她马上冲过去抓住老虎，老虎被她吓跑了。真的，那不是假的，因为她那个意念当中已经没有自己，只有父亲的生命安危。那个瞬间那个劲儿，老虎就被吓跑了。我们听了这个故事，当然要效法，效法她完全放下自己、一心一意就是为了父母的那颗心，太难得了！

我们的兄弟姐妹也是这样对待我们，不能忘啊！我念大一的时候，身体不算很好，要熬中药喝。我的姐姐每天帮我熬，要熬一个多小时，然后从校门外端着那杯中药，走到校园最边上，因为宿舍是在学校最边上。我姐姐端那么远，然后欢欢喜喜地到我的宿舍窗口，“叩叩叩”，因为宿舍门口写着“女宾止步”。我一看姐姐来了，赶快冲出去。当我喝下去，都觉得病快好一半了。对呀，那都是姐姐的爱心。

“弟兄同居忍便安，莫因毫末起争端。眼前生子又兄弟，留与儿孙作样看。”所以，诸位同学，你要照兄弟姐妹的历史。还有没有？照所有好朋友的历史，照所有亲人的历史，假如走进婚姻，要照另一半的历史。太太说：“我这辈子最正确的一件事就是嫁给我先生。”

然后这个先生要说："我这辈子最正确的抉择就是娶了我太太。"这就是"照汗青"。

光照人类的历史

还要再扩大自己的心量，照全人类的历史。这个时代要救这个世界，只有恢复仁爱的思想，恢复圣贤教诲才行。1988年，七十五位诺贝尔奖得主发表了一个联合宣言，"21世纪的人类假如想要生存"，已经讲得很直接了，不是发展。我们现在有没有生存危机？

诸位同学，要醒过来了。我这次到澳洲讲课，有一张新世界地图，西方人很早以前就画出来的预言，很多沿海地区被海水淹没。温室效应再不改善，结果可能就是这样。我们还是我行我素，不行啊，要对整个地球负责。汤恩比教授说，孔孟学说，大乘佛法，能救这个世界。现在我们手上握的是可以救这个世界的方法、智慧，不能视而不见，也要照我们民族的历史，要承先启后，继往开来。

所以，说小时候是天堂，这个天堂其实不是真的天堂，那是欲望满足。你看现在很少人能笑得灿烂，大家回去照照镜子就知道了。没有内在的喜悦是没有办法灿烂的。照这样下去，说晚年是坟墓，这个坟墓可能是真的坟墓。所以为我们的父母着想，为我们自己的老年着想，这条路不能走。

八、从《弟子规》培植人生的福分

不要追求虚幻的成功

我们上一讲提到，假如从小都是玩乐，都是欲望的享受，渐渐形成习惯，那就变成奴隶了。现在多少还没有踏入社会的年轻人，都变成“卡奴”了，这是不争的事实。还没有赚钱，就负债了；还没踏入社会，就信用破产。什么造成的？放纵欲望造成的。这条路不是正确的路。但我们没有经典的引导，没有好老师的教诲，糊里糊涂地就往那个方向走了。现在往这个方向走的占很大比例呀！

我以前不懂，你看我们以前都说：“啊，要追求人生的成功。”什么是人生的成功？都偏向于物质满足。比方说，吃得很好叫成功。说实在的，吃到最后，一大堆文明病。我有一个长辈，资产上亿，但是他吃东西之前，一包药拿出来，九种药在他的手上。他以前暴饮暴食，不注意饮食，注重享受，最后的结果是人家能吃，他不能吃。

很多企业家是年轻的时候用命赚钱，中年以后呢？用钱买命。一个人很有钱，而身体不健康，他不可能快乐幸福。这都是我们要去思考的，不然很可能我们走的就是这个方向。有一个企业家，后来学习传统文化，人生也开始调整。他提到他一些企业家朋友的下场：第一，劳心劳力，就一直在那里追逐那个数字。追到什么时候才会停下来喘一口气？有一天，他去做身体检查，医生说：“这位先生，你只剩下六个月的寿命。”他才会从忙碌当中冷静下来，哎呀，怎么会这样？

诸位同学，请问当他拿到这个检验报告，脑海里在想什么？对不起，这个问题不能问你们，你们还没有经验。他在想，我努力了十多年，积累了这么多钱，到底会落到哪个男人的手里？你看，他的孩子还小，太太还年轻啊。等他走了以后，钱会去谁的手上？他这么一想，本来可以活六个月，最后是什么样？告诉大家，癌症很多都是吓死的。真的，心平气和地面对，有人与癌症共处十多年都没事，甚至更久。

我们张老师，七十五岁了，她四十岁就得癌症了。怎么化解这个危难啊？孝心。当时张老师知道消息了，唯一挂念的是父母，所以从西部坐车回到家乡花莲。她得的是胃癌，回去之后，看到父母很欢喜，那顿饭也吃得比较多。好一阵子根本就没有胃口，怎么今天吃得比较多？原来人一欢喜，身体的状态就会改善。带着这份明白，因为孝道而得来的明白，欢欢喜喜地照顾家庭，去学校教书，放下了这个癌症，不去管它了。

过了好一段时间，医院打电话来了，这个人不知道还在不在，问问情况如何。一打电话，哎哟，还在。“你怎么不赶快来治疗？没治疗，你现在的情况怎么样？”“好像也没事。”“你来检查一下吧。”结果一检查，癌细胞不见了。所以张老师用孝心、用内在的力量转化了人生的挑战。又因为有这次经历，张老师可以到各个癌症病房去给患者鼓励。

只要你觉悟了，你以前所走过的痛苦，都将成为别人人生的垫脚石，都会让人家转烦恼为菩提。因为你已经觉悟了，你可以感同身受，去把他引导出来。所以只要觉醒，只要有智慧，人生的路统统没有白走。真的，转烦恼成菩提非常妙啊！过往都可以转成觉悟，转成菩提，转成成就他人的资粮、宝藏。

所以劳心劳力，最后英年早逝，这条路不能走。第二，锒铛入狱。铤而走险去谋名谋利，最后东窗事发，进了监狱，多不多？现在各地，各个国家，太多人在贪污，都是这个下场。还有一种是赚到了钱，但是身体垮了，那也很不自在。最好的是事业成功，家庭也很美满。这才是好的人生经营。

说实在的，能做一个好的企业家，必然是一个好的父亲、好的母亲。“其家不能教，而能教人者”，自己家庭都教不好，还能教人，那不可能，“无之”。可是现在他的事业还很大啊！那是因为他祖宗，是用福气撑出来的，不是用智慧经营出来的，过一个时段就垮下来了。能长长久久的，一定是用德行才办得到。

欲望之苦

中国五千多年的历史，周朝持续时间最长，八百多年，靠什么？开国的这些人都是圣人，太王、泰伯、仲雍、文王、武王、周公、成王，都是圣人。后代子孙都想：你看我们祖宗这么好，我们不能丢脸啊。现在呢？假如爸爸没有做出好榜样，你去劝儿子，能劝吗？他说：“你管我？我爸爸就是这样啊。”他都这样比，不就沉沦下去了吗？所以留好榜样给后代看啊。

你看，秦国福报大不大？统一六国，福报大不大？我们现在喊“冲啊”，没半个人跟我们，没福啊。你看秦国，“冲啊”，上百万人跟着出生入死，那个福报不得了，但是用错了，用来砍人家的头，不是用仁爱心。秦国军功怎么定的？砍多少人头就可以算多少军功，与天道相违背。所以秦朝成为历史上时间最短的一个朝代。所以，诸位同学，快速等于短命。那些马上让你致富的，多是骗人的。任何事情要瓜熟蒂落，水到渠成。诸位同学，当年社会经济起飞，那些暴发户现在在哪里？很大的部分，一有钱又没德行，骄奢淫逸全来了，那个是祸而不是福啊。

我跟大家常常提到一位长者卢叔叔，他就顾家顾得非常好。礼拜六、礼拜天一定是陪家里的人，照顾父母，他的人生就很圆满、幸福。这才是正确的方向。

所以同学们，价值观要抓对。我以前都在那里想，成功就是一个男人旁边站着一个身材姣好的女人，后面还有一栋豪华别墅，还有一辆凯迪拉克，或是别的什么豪车。这叫幸福吗？保证不幸福，他那个苦可多了，都是“金玉其外，败絮其中”。你不要被那个场景骗了，我以前就被骗了很久。

我去过法国巴黎，我到了那条街，真是把我给吓坏了，一个皮包跟一栋房子一样贵，怎么买得下去啊？后来我终于知道为什么买得下去了，真是“不经一事，不长一智”。当你走进这样的购物店，那个音乐真的有催眠效果，让你买，赶快买，赶快买。所以没有定功，进去很危险。所以我一进去就提起正念，扶住我的定功，不冲动。我相信很多人买完，踏出那个门，没有音乐了，一定会后悔，可是来不及了，卡已经刷下去了。所以诸位老师，诸位同学，大家要小心啊，要远离这些诱惑，不然真的变成欲望的奴隶。

你看，有些没结婚的女士买一件衣服，卡一刷，薪水去一大半，后半个月吃泡面过日子。她们的会计学还学得不错，每天精打细算的，这么活，五十块钱就够了。后面一个礼拜真撑不下去，没钱，怎么办？她们也很聪明，赶快回家："爸，没钱了啦！"爸爸非常生气："我跟你讲多少次了，不要这么乱花，气死我了。要多少，拿去啦。"那也没办法，如是儿女就有如是父母。父母不懂得"爱之不以道"，没有智慧，"适所以害之也"。还没结婚就已经花钱花成这样，嫁人了还得了？

再来，这个女子不一定会带给你幸福，这个车子也不一定会带给你幸福。你看那个追求虚荣买很贵车子的，他会用十五年之后才换吗？都是新款出来了就去买，是不是？开了三个月，新款出来了又去换。那个贷款什么时候还得了？

还有房子。我遇到过一个朋友，他买了一栋非常豪华的别墅，买房子多少钱先不管，就维护费、保安这些费用，一年要八十万，八十万啊！诸位同学，我们想一想，他什么时候去住？他一年住个两三次，还得请保姆看家。他一年住两三次，请问这个保姆住多久？她睡得很甜啊，一年三百六十五天。诸位同学，谁有福报？谁是主人啊？保姆每天住得很舒服，谁出去拼命赚钱？开悟了没有？这个时代要很冷静啊。你看，他一辈子在那里赚钱。我们保守地预估了一下，他年轻的时候没时间住，因为要还钱。五十几岁了，老了没能力住，没有能力赚那么多钱了，只好给别人了。所以结论是什么？结论叫自找麻烦。干吗去追求那么虚幻、虚荣的生活？就为了在餐桌上拍着胸脯："我也有别墅。"然后在那里苦，何苦来哉！

所以要清醒清醒，不要走这样的路。其实说实在的，我们看《暖春》的时候，诸位同学，谁最苦？（答：婶娘。）整部电影里面睡不好觉的是谁？（答：婶娘。）对啊，理得心安最快乐。而当我们了解到，没循着道义的生活是很苦的，就不会去责备人了，就不会跟人一般见识了，因为他的内心是越来越苦。“人之初，性本善”，他的良心都随着岁月在那里煎熬。所以当你能体会到一个作恶的人的痛苦，你那份真诚、信任的眼神，能把他从迷途拉回来。但是假如你时时都是批判他，戴着有色眼镜，跟他可能就会有对立、冲突。

从心上培植人生的福分

所以真明白《三字经》这一句“人之初，性本善”，你的心平了，你对一切人都是信任的。再了解到“苟不教，性乃迁”，人不学，不知道，不知义，你的宽容，你的包容，你那进一步协助、拉拔他的心就出来了。所以，诸位同学，学习不在于你学了多少本书，重在心境的提升，一句话领受了，人生的格局可能就完全不一样。

好，我们走哪条路？从心上来培植人生的福分。“福田靠心耕”，用心来培福、积福。你看小花时时都为他人着想，这叫积福啊。“黎明即起，洒扫庭除，要内外整洁；既昏便息，关锁门户，必亲自检点”，当我们时时都想着父母，想着家人，这就是在培自己的福。

有一个爸爸听了以后说：“让孩子对家里有责任心，懂得帮忙很重要。”他有三个女儿，他想看看女儿到底对家有没有爱心，所以就在门口放了一个扫把，倒在门口，然后喊他三个女儿。大女儿进来看到那个扫把，一下就跨过去了，视而不见。他有点伤心，不过还有两个女儿。二女儿还是标准动作，跨过去不管。三女儿也是，三个人都跨过去视而不见，看着他："爸，有什么事啊？"这个爸爸有点万念俱灰，这时突然想到另外一个女人，自己的太太。太太进门的时候，直接就把扫把拿起来摆好。这个爸爸稍微有点欣慰。你看关键在哪儿？关键是妈妈觉得家里的一切都是她的责任。而孩子呢？一个人对家庭都没有责任心，都不会付出，到社会去，到班级去，可能是一个热心公益的人吗？不可能。我们所有为人处世的态度一定从家里开始实践、开始落实。

所谓"登高必自卑，行远必自迩""合抱之木，生于毫末；九层之台，起于累土；千里之行，始于足下"，从现在开始。诸位同学，不要小看这些生活的细节。有两个朋友同时到了一家百货公司，一段时间后，一个降级，一个升业务主管。同时进去的，资历都差不多，结果为什么是这样？一位前同事去找他们两个，后来他们一起送这位朋友。送往公司门口的路上，这位朋友看到他们公司的布告栏有一版资料快掉下来了，在那里摇晃，没粘好。他说："那个东西快掉了。"那个降级的朋友说："别管它了，不关我们的事。"那个升级当业务主管的没说一句话，过去把它摘下来，然后走回来说："我把你送完，回来再把它贴好。"

诸位同学，找到原因没有？一个人为什么能升级，为什么能扛更大的责任？因为他时时把公司放在心上。成就大小跟责任心成正比。所以我们现在为他人着想，为家庭着想，甚至为社会着想，做出好榜样，就在培福。

从小就可以利益社会

那个四岁多的孩子，他在公交车上说："老爷爷，到后面来，这个位子让给你坐。"他有没有福？他有大福。再来，从小就是这样的心境，读书一定跟人家不一样。一般人读书只是为了学历，他读书是为了契入圣贤境界，他读的书都印在心上。他一踏入社会就能够造福，他有智慧、能力。所以为什么以前十八岁就可以当县长？他那个书是读到精髓了。为什么范仲淹这么年轻就这么有成就？他是用那颗"先天下之忧而忧"的心去读书啊。我们只为了学历，读完都忘得差不多了。所以"万法由心生"，不能怪别人，不能怪社会。

造福，老年一定享福。很多观念都说，二十岁以前，甚至于二十五岁以前，我们没能力，不能造福。然后到四十岁、四十五岁这段时间，是我们的黄金岁月。可能五十岁以后，能力又下来了，又不能服务社会了。可是假如我们存着竞争的意念，进了这个社会，难道真的是服务社会吗？还是在让社会风气越来越差？

学习圣贤教诲的，从小就在培福。诸位老师，这位同学坐在第一排，他有没有在积福啊？他坐在那里，后面的大哥哥们都不敢打瞌睡，人家这么小都没打瞌睡。他在培福啊！

假如一个孩子在胎中就学《弟子规》，妈妈胎教很好，早上都是《弟子规》叫起床，出生没几个月，第一句话是"弟子规，圣人训"，那不得了，这个孩子以后可以弘扬中华文化。这样的孩子越来越多了。听到这些感人的故事，我们都很欣慰，我们的努力没有白费。我们只要看到这些孩子有这么好的表情，再怎么累都觉得值得，都不觉得辛苦。你看，这样的人生是从小就开始利益社会，不是大学毕业才能利益社会。等他五十岁、六十岁了，智慧越来越高，这样的人生是越来越有价值，越来越受到广大人群的爱护。

长者的风范

师长走到马来西亚，走到世界各国，都受到大众的爱戴。那次我跟着老人家到马来西亚，参与传统文化课程的人一万五千人，大家有没有感受过一万五千人的场面？可能有，是为了偶像去的，去那里嘶吼半天，学到什么？人生宝贵啊，时光宝贵啊。这一万五千人为什么要去？要开自己的智慧，要学这些经典，利益他的家庭跟他的人生。义工有多少？一千五百人。我们很感动啊，七八十岁的老人在那里服务，站在厕所门前，每个人进去，他鞠躬啊。人家去听课了，他把厕所打扫干净。

那份心是对后代、对我们晚辈无尽的护持、护念、护爱啊！那份笑容记在我们的心里，我们不能对不起这些长者的这份心意啊！看到他们欢欢喜喜为一万多人准备午餐，感动啊！他们端着那些菜肴的时候，是想着更多人来得利益，最欢喜。这是我们老一辈人的心境，这是我们中华民族的心境。假如我们没有这一颗心，我们民族的文化真的很可能就断在我们手上，那我们就变成千古罪人，对不起祖宗，也对不起后代子孙。所以，诸位同学，要走弘扬文化的这条路。

卢叔叔那时五十多岁，都快六十岁的人了，走到哪里，这么多年轻人都跟着他学习。有时候他的儿子、女儿还会吃醋，因为到父亲节、母亲节的时候，一堆人来庆祝。他儿子还说：“那是我爸爸。”

你看，这样的人生越活越有价值。当你越来越有智慧，又时时都在帮助别人，身心非常健康，很可能有一天，在那里跟年轻人谈这些古圣先贤的教诲，谈着谈着就走了。你们不相信啊？真的可以这么自在地走。

古代那些大臣，寇准大家知不知道？寇准是宋真宗时的宰相，他主张御驾亲征，后来才把敌军给打退了。他是个好宰相，一生坦坦荡荡，问心无愧。老了还在那里处理公事，处理得差不多了，跟家里的人说："你去帮我铺个草席。"草席帮他铺好了，然后他上去一躺，拜拜，多自在啊！现在的人好不好死？真的，想好死都不容易。为什么？太多的贪求，太多的执着，太多的放不下。所以坦坦荡荡过一生，这样的人生最好。

天助自助者

好，成就自己，成就别人。孔夫子说了，"不患人之不己知，患不知人也"，你要了解人，才能够帮助他，是不是？你要知人才能助人，你不了解他，不知道从哪里下手啊。诸位同学，我们了不了解他人？"欲知人者先自知，欲爱人者先自爱。"我们要找到人生的根本点，不要去求更远的，你都不自知、不自爱，怎么去知人、爱人？

不要说爱人啊，现在我们跟自己相处，都跟自己生气，去打墙壁啊。这样的情况多不多？都跟自己过不去，都不自爱，怎么去爱人？"欲助人者先自助"，不然是泥菩萨过江，自身都难保。还在那里拍胸脯："我能给你幸福。"那叫狂言，诳语啊。你把自己都搞得乱七八糟的，哪里可能追上她就给她幸福？所以女生也要会判断。他让你嫁给他，他说会给你幸福，但他房间乱七八糟的，你要明白苦海无涯，回头是岸。

我上一次到一个公司演讲，刚好讲到那一段：他都不孝父母，你嫁不嫁？有个女子听完以后说："我还是嫁。"为什么？"我要救他。"真是勇猛，看到人溺水，马上跳下去，结果突然想到一件事：哎，我不会游泳啊。说实在的，你会游泳也不见得救得了他。因为他很清醒的时候只想到自己啊，到时候"咚"两个都下去了。

诸位同学，我们要认识一个真相，"天助自助者"。一个人要自己愿意改变，你才能改变他啊。有句话不是叫"牛牵到北京还是牛"？什么意思？就是他自己不愿意改变脾气，到哪儿都一样，你安排最好的环境给他，他还是不变。所以又有一句话说，"扶不起的阿斗"。你看历代宰相，像孔明这样有智慧又是忠臣的，不多吧？这么好的缘，孔明还是"孤臣无力可回天"。诸位同学，谁是阿斗？你不要告诉我是刘备的儿子。谁是阿斗？自己啊。当你自己都不救你自己了，谁能帮你？

所以人生是主伴圆融，谁是主？我们是主，对自己的人生我们是主，父母也好，圣贤人也好，所有你生命中的有缘人也好，都是配角。主角都不用心，配角再好也演不出戏来。换一个角度讲，我们是一切人的配角，他是自己的人生主角。所以当你规劝他，当你帮他，他不愿接受，你也不要气馁。为什么？生命还是操纵在他的手上。你付出了，他不变，你在那里唉声叹气，"哎呀，人生苦短"，那是自讨苦吃。面对所有的亲人，我们只是尽力就好了，"岂能尽如人意，但求无愧我心”。

学贵自知

所以诸位女同学，假如这个男士不孝父母，你不要一下子就跳下去。这个时候怎么办？我教给大家防身术。一本《弟子规》丢给他，就像拿个竹竿，让他自己拉就好了。《弟子规》丢给他，石沉大海，他连谈都不谈，这个人很危险，赶快走。假如你丢给他，他马上说：“哎呀，这个‘首孝悌’抓到根本了；哎呀，那个‘泛爱众’很好，我们就要这么去做。”那这个人是重德行的。他有人生的根本，可不可以交往啊？不行，还不够保险。现在保险要加好几道锁才稳当。

接着怎么样？去打听，去了解他父母的情况，他的家教如何。“买田要选好田地，娶妻要看好岳母”，如果你要娶妻，你要看她的家庭状况，有好的母亲就会有好的女儿。所以不管是我们男同学还是女同学，找对象都有这样的睿智，才不会一失足成千古恨……你们好像陷入了沉思当中。我们从这里就了解到，人生要抓到根本，要先自爱、先自知。诸位同学，你们了解自己吗？了解自己的举手。好，活了二十多年，都不了解自己，请问这二十多年往哪里走啊？你们比我还好一点，我走了二十五六年都搞不清楚方向。幸好没有堕到深渊，迷途知返，拉回来一点。

我们以前怎么了解自己？没有信心，去问别人：“哎，你觉得我这个人怎么样？”你这么问人家，敢跟你讲实话吗？我们跟自己相处，每天二十四小时都不了解自己，还要叫别人来了解我们，那不是有点怪吗？你自己的每一个念头你自己最清楚，干吗要别人来告诉你？而且我们不只是问别人，还要通过一些心理测验。我同学还 E-mail 发给我心理测验，比方说做三十道题、五十道题，结论是你的个性是老虎型的，你的个性是孔雀型的，你的个性是无尾熊型的。

我们在那里高兴半天，我像孔雀，我像孔雀。像畜生都高兴，这个时代有没有颠倒、堕落啊？我们真的想另外设计一个心理测验，做完以后，结论是：你有周文王"视民如伤"的仁爱心，就怕人民受伤害；你有孔明的"一生唯谨慎"，以后可以担大任；你有唐太宗的恢宏大度，适合当领袖。都是学圣贤人，这样才学得到，是不是？我们这个时代真的是越学越颠倒。

我是学了传统文化以后才去念师范院校，结果把我给吓坏了。你看，《心理学》很多理论怎么出来的？拿狗做实验，拿猫做实验，拿老鼠做实验，做出来的理论结果拿来教谁啊？教人啊。诸位同学，请问小孩教出来变成什么？我们人是万物之灵，可是现在不孝父母，让父母肝肠寸断的人一直在出来。怎么教出来的？思想错了，才会出这样的行为。

恢复民族自信心

我们这个民族最大的危机，就是失去了民族自信心，都是外国的月亮比较圆，拿着外国这些理论思想来教我们的下一代。大家要了解，现在西方人最头痛的是什么问题？青少年问题啊。他不高兴，拿着枪"嗒嗒嗒"，几十个人就这样走了。警察问他："你为什么这么做？"他说："今天是礼拜五，我心情很不好啊。"当一个一个倒下去，他完全不能感觉到。那个人的苦跟他父母的肝肠寸断，他完全体会不到。为什么？你用教动物的方法，动物的人生只有欲望的满足。它有仁义礼智信吗？仁义礼智信才是我们做人的味道，才是我们做人的常道，往正常的道路上去。

假如没有读这些经典，真的，我一辈子都没有自信，甚至于都被自己的坏习惯打败了，就觉得："啊，我这个人就是这样了，没定性；我这个人就是贪色……那个人我可了解了，他那副德行我怎么会不知道？"请问，你了解他吗？"他那副德行"，那是真正的他吗？那不是他的本来面目，那是他染上的习性。我们真正了解自己跟别人吗？人没有读经典，世间的真相看不到。而现在又是知识爆炸时代，你去书店，没有判断力，可能拿起来的都是误导人的思想。判断力从哪里来？学习。

诸位同学，先服一粒药丸再进去。这粒药是金钟罩、铁布衫，让你不会受伤害。保你的这粒药丸的名字叫《弟子规》。《弟子规》当中做人处世的纲领，你抓到了，错误思想没有办法障碍你。有个人曾被误导很严重，后来学《弟子规》，上台一直掉眼泪："我假如先学《弟子规》，就不会堕落，就不会这么不孝父母，让他们操心这么多年。"所以《弟子规》让我们有判断力，是非、善恶、邪正、利害都看得清楚。

可是现在，我们读了"圣与贤，可驯致"，我们读了"大学之道，在明明德""人之初，性本善""三才者，天地人"，为什么不得受用？"但以妄想分别执着"，智慧就透不出来。打一个比方，太阳普照，朗朗晴空，但是乌云飘过来了，太阳的光芒照不出来。所以当我们被欲望整个给控制住了，智慧起不来。

成就一生圆满的智慧、德能

这个“明德”就是我们真正的自己，“明”是我们本有的智慧，“德”是我们本有的德能跟福分。历史上不管是儒家还是佛家，还是其他圣哲人，他们都表演出一生从没智慧、没福分，到最后是圆满，表演得很彻底。我们现在了解到，“明德”被什么障住了？被贪心，被坏脾气，被我们的愚昧，被我们的傲慢，被我们对圣贤教诲，甚至对父母爱心的怀疑。这些障住了我们本有的福分跟智慧。

我们看大舜，大舜没有贪心，他只有孝顺父母的心，一心一意爱他的父母。他这一辈子，一开始是农民，农民有没有福？不算大福。最后变成什么？天子。而且他的福分大到什么程度？孔夫子赞叹他“子孙保之”，后代子孙都能够给他们庇荫。大舜离我们四千多年了，诸位同学，有没有姓“陈”的同学？有没有姓“胡”的同学？有没有姓“田”的同学？有没有姓“虞”的同学？好多的姓都是大舜的后代。你看他还造福四千年以后的子孙。刚刚举手的同学，待会儿走出去，感觉不一样。大舜的后代不能丢脸。你看，用一颗孝悌的心就整个转过来了，智慧、德能、福分就过来了。

我们走在这条弘扬文化的路上，以对祖宗、对父母的孝，对兄弟姐妹、对同胞的悌，来做这件事情，我们期许自己，不能因为自己的习性而坏了这件事情，这是我们最不愿意见到的。“不求有功，但求无过”，用这份心对治自己的坏习惯，能力会提升。

诸位同学，我在念高中的时候，“老气横□”都选不出来。四个答案，分别是：春、夏、秋和冬。因为选不出来，点来点去用猜的，“给我一杯忘情水……”点半天，最后还是选错了。有一次语文考试，全班第二名，倒数第二名。我没什么才华，也没有参加过演讲比赛，从来没有。只有一次去参加辩论比赛，因为学长找不到人，只好把我拉去。结果本来要讲十五分钟，我上去之后，讲七八分钟没词了。时间不够不能下台，我只好站在上面，对着底下笑。诸位同学，知不知道我傻笑怎么练出来的？真的没才华，都没什么奖牌、奖状。我去念师范院校，有拿到一块奖牌，八百米接力第三名，因为只有三个队伍参加。但是你看，真正那颗孝悌的心、对民族的责任心起来，潜力慢慢就出来了。所以我是出来抛砖引玉的，我这么差的程度都可以出来弘扬文化，大家一定会做得比我更好。有没有信心？

最后变魔术给大家看。每个人的心都是这样，非常清澈，有智慧，有福分，像朗朗明月一样。结果因为成长的过程没有遇到好的教育，贪心上来了。注意看，我们看每个人，没有看到他的本性，都看到什么？习性。“哎呀，那个人贪心”，不对，他被染着了。你把尘土洗掉，本来的光芒就出来，是吧？

坏脾气又养成了。你看，越来越污浊了。最后呢？愚痴、傲慢都来了。看不到光明了，一片漆黑，是吧？大家配合一下，是不是一片漆黑？突然他走到读书会，听到那句“夫孝，德之本也”，像甘露一样，把傲慢、愚痴洗了一大半。第二节课又听，要效法圣贤人，“大学之道，在明明德”，又洗掉了一些坏习惯。最后慢慢地光明就现出来了。一生有圆满的智慧、德能，可以利人利己。“舜何人也，予何人也，有为者亦若是。”

幸福在一念之间

一、幸福的定义：不变的才是幸福

你幸福吗?

今天大家共聚一堂，我们可以体会到，“有缘千里来相会”。坐在大家身边的学长，所住的地方跟我们可能有千里之遥。这一次我们来自中国，来自文莱、菲律宾、新加坡，有没有泰国？有。这么多东南亚的国家，还有马来西亚本地的华人，大家都是为了共同的目标。什么目标？给我们下一代创造幸福的人生。缘于这个信念，我们才会聚到一起。

所以人与人之间的缘分，都没有偶然的。有没有哪个朋友是被强迫进来的，到现在还搞不清楚状况？应该没有，大家都有一份对教育的使命，聚到一起来探讨、深入我们老祖宗五千年的智慧，所谓站在巨人的肩膀上看得更远。

今天跟大家交流的题目是“幸福在一念之间”。“幸福”这两个字，我们都非常熟悉，但每个人对幸福的看法、认知、追求，可能不尽相同。诸位朋友，你幸福吗？你是说这一生幸福，还是现在很幸福？所以，思考每个问题，要有深度，也要有广度。有一阵子有一个电视节目，其中有一个人姓胡，人家问他:“你姓胡吗？”他说：“很美满。”

所以，每个人都在追求幸福，这是人生的目标。而当我们看到“幸福”两个字，有没有想到怎么给父母幸福？怎么给下一代幸福？怎么给我们的学生幸福？怎么给我们身边所有有缘的人幸福？我们有没有思考过这个问题？

假如我们这一生自始至终只想一个问题，只想到自己的幸福，那我相信铁定不幸福。为什么？因为幸福不会降临到一个这么自私的人的生命当中。只想自己，不顺自己意，不高兴，脾气就来了，怎么可能会幸福呢？只想自己，心量愈来愈小，小鼻子又小眼睛，世界就愈来愈窄，怎么会宽广呢？

所以我们从一个题目当中，也在观察自己的心量、心态。我们今天一起来探讨一个主题，或者打开我们老祖宗的经典，每个人的收获不同，关键不在这本经典，而在我们学习者的心态。态度决定了能不能成功，而不是成功以后，再来改变我们的态度。

比方说做事业的人，脾气很大，“我成功以后，一定把这个脾气改掉”。问题来了，脾气不改，能不能成功？怒是猛虎，谁喜欢跟老虎在一起呀？“天时不如地利，地利不如人和”，常发脾气的人，怎么会有人和？怎么凝聚众人的力量？才坐下，人家就站起来：“对不起，我想上厕所。”这样的人，怎么可能会成功，进一步还改变态度？这个思维本身就不符合道理。每个人的人生都有他的道理，是遵循真理，还是遵循他自己的看法，走出来的人生很不相同。

所以学习很重要的，“学贵立志”，立定远大的志向，学习老祖宗的经典，就会非常有动力，非常用心。我要为了我所有的孩子、为了下一代、为了文化的承传而学，心量愈大，收获愈大。假如是因为刚好这个礼拜六没事干，来这里看看热闹，那同样一个因缘，收获就不同。

最忙，最努力≠最幸福

从整个大时代来看，我们这一代人，都想追求幸福，但是结果呢？有没有愈来愈幸福？这个值得我们思考。比方说，人跟人和睦了，就是不断往幸福在走。现在问题来了，夫妻离婚率愈来愈高，幸不幸福？你听没听过哪个人说，“我离过五次婚，好快乐啊”？那一定是人生的煎熬跟痛苦。可是，这样的情况愈来愈多，很多大都市的离婚率直逼五成，有的地方还超过五成。

其实现在的人很努力，大家有没有感觉？现在的人，是五千年来最忙的，真的。最忙，最努力，结果应该是什么？最幸福，是吧？不过又有一句话讲，努力有结果，但不一定会有好结果。为什么？方向踏错了，愈努力离目标愈远。所以踏出脚步的大小，不是最重要的，还有比脚步更重要的，是什么？是方向。人生努力的方向真正跟幸福相应，这样愈努力才会离目标愈近。所以我们首先得静下来，观察目标对不对。

我们在这个大时代当中，能不能冷静得下来？人不冷静，手忙脚乱，脚步不可能踏对。但是现在的人就是忙忙忙，快快快。从眼睛一睁开，快穿衣服，快喝牛奶，快穿鞋，快赶公交车，快吃饭，快睡觉，一天就这样过了。像我们已经步入中年，有时候突然睁开眼睛，一想，哇，我都四十岁了，这么快！都被吓一跳。岁月如梭，年龄愈大，感觉愈深刻。

有一个做生意的人，他是卖橘子的，这是古代的一个故事。他要到一个县城去做生意，可是他没有去过这个县城，他只知道往这个方向走没问题，但不知道能不能赶在城门关之前进去，有这个担心。突然迎面走来一个老者，他从县城出来，应该是当地人。年轻人很高兴，问他："老先生，请问我这样走，能不能在傍晚进城去？"这个老先生说："你问对人了，我就是当地人。"接着看着这个年轻人，从头看到脚，从脚又看到头，对他讲："年轻人，你慢慢走就赶得上。"老人点点头，就过去了。

这个年轻人听完，皱着眉头想："我快快走都怕来不及，还叫我慢慢走。"所以，他就愈走愈快，愈走愈快。他挑着担子，晃啊晃啊，突然，橘子翻了。年轻人赶紧捡，捡好了继续赶路，眼看就到城门了，还有几百米的距离，门关起来了。

所以年轻人思考，只是以他自己的经验，而老人呢？是以他一生的经验，并站在年轻人的角度，给他建议。我们就好像这个年轻人，老人就好像五千年的智慧和历史文化，孔孟的智慧都记载在经典当中，指导我们的人生。

是不是孔子讲错了?

而有一天，我们也会是这个老者，你的学生会问你："老师，孔子说'学而时习之，不亦说乎'，可是我怎么这么苦？老师，您能不能告诉我，这句话对不对？人生能不能愈来愈快乐？”

诸位老师，当学生这么问你，你做好准备回答这个问题了吗？学生有可能问你这个问题。你说：“我才教幼儿园，学生不会问的。”告诉大家，现在幼儿园就有得抑郁症的，一点都不骗大家。幼儿园的孩子，只要遇到父母不和，就眉头深锁，他很痛苦，因为他整个世界都变灰暗了。很多人得抑郁症的根源在哪儿？两三岁时父母不和，就种下这个因。现在大人的问题为什么难解决？因为你看眼前，找不到病因。一般严重的病，找病因都要找十年前、二十年前，这样才能把问题给解决。

所以天下要安定，夫妻相处是关键所在。孩子有没有健全的人格，取决于夫妇的相处。夫妇恩爱，孩子就知道什么叫道义；夫妇不和，孩子这一生就很难相信人跟人能和睦。

我们回想一下自己小的时候，两三岁，开口第一句是什么？“我爸爸说，我妈妈说。”从孩子的言语，就可以知道父母在他生命当中的重要性。等他五六岁进学校了，第一句话是什么？（答：老师说。）所以，有好父母、好老师，孩子的人格、德行就打下坚实的根基。可假如孩子心里是“我爸爸不守信用，老师不守信用”，我们想一想，这个孩子能相信别人会守信用吗？

为什么问这个问题呢？因为有一个心理调查，问小朋友对父母最不能接受的是什么，最多的一个答案就是父母不守信用。一个人连父母都不相信，请问他这一生要相信谁？

我们几千年的文化，很多家族在祖先的灵位前面都立一个牌子，叫“天地君亲师”。可见一个国家的国君，还有父母，还有老师，地位是非常崇高的，影响孩子一生也是非常深远的，他们被立在祖宗的灵位面前，立在祠堂里面。我们细细来想，就可以体会到这些角色对下一代，以至于对整个社会的重要性。

刚刚跟大家讲到，我们的学生可能会问我们一些有关生命的问题。我曾经遇到一个学生，他念的是知名大学的研究所。有一天他在图书馆写论文，写得很痛苦。当他走出图书馆，突然看到附近的居民带着一条小狗出来散步，这条小狗很开心，头还一直晃，尾巴一直摇，还穿着衣服。有的人连衣服都没得穿，结果狗有衣服穿，大家要知道，有时候畜生的福气比人还大。所以得靠修养，要修福。你看，有的狗福修得大，还可以洗 SPA，还可以喷香水，是吧？当然，这也是因为人颠倒了，爸爸妈妈都不奉养，专门伺候那条狗；爸爸妈妈生病了，一滴眼泪也没掉，那条狗生病了，哭得死去活来。所以人不学，不知道，不知义。

当他看到这条狗走得这么优哉游哉，突然有一种悲哀的感觉：我怎么活得不如一条狗，痛苦成这样？所以，他就提起勇气去问他的导师："老师，'学而时习之，不亦说乎'，可是我怎么这么苦？是不是孔子讲错了？"老师跟他说："我跟你一样啊。"

假如学生来问我们，人生怎么这么苦，千万不能这样回答学生，不然自杀率会增高。人生的目标就是痛苦，那活着干啥？

他心里还是有点不甘，真的就是这样吗？他又去问系里最受欢迎的那个老师，结果这个老师用坚定的眼神看着他说："人生本来就是这样！"他更灰心了。

不做欲望的奴隶，叫真幸福

所以，我们到底认不认识真正的幸福？“真”幸福。为什么这个“真”要强调呢？因为太多人很努力，最后都很无奈。有些四五十岁的人都会讲一句话：“假如人生让我重来一次，我一定不会这样那样。”这句话重点在前面，“重来一次”。请问大家，人生能不能重来？不能。再一个问题是，人生再来一次，你就真的不会再走回这个样子吗？那得有定力、有智慧才办得到。

再比方说：“我换一个老板，日子就好过了。”假如你身边有这样的朋友，你去观察，换一个老板，问题照样发生。比方说她很痛苦，“我换一个男朋友就快乐了”，你继续观察，我跟你打包票，十拿九稳，换一个之后还是痛苦。

禅宗有一个故事，一群人在那里参道，突然起风了，幡动了。第一个人说，幡动了。第二个人说，不是，是风动了。最后，六祖惠能大师是开悟的人，他说：“不是风动，不是幡动，仁者心动。”

所以，不是老板的问题，也不是男朋友的问题，是谁的问题？（答：自己的问题。）你们说的，我没说。这个时代，讲话得要点到为止。这个很重要，假如你讲话都是讲到透，可能下一次这个朋友就不来见你了。为什么？一个人，得自己悟，不是别人强迫他悟。大家看这个“悟”怎么写？我的心。自己明白了才能悟啊。孟子讲，“学问之道无他，求其放心而已矣”，能时时回到这个真心，才是真实的学问。时时把问题都推给外在的环境，都是别人的问题，永远解决不了，而且只会让问题愈来愈复杂。

可是我们一想到幸福，就是往外去求。给我嫁一个好丈夫，我就幸福；给我带一群好学生，我就幸福；给我买一辆BMW，我就幸福；给我赶快把房屋贷款缴完，我就幸福；给我买一件名牌的衣服，我就幸福……请问大家，真的吗？真幸福了吗？

比方说，买名牌的衣服就幸福了？隔天穿了这名牌的衣服去上班，走到每一个同事前面晃两下，怕他不知道这个是名牌的，是吧？得要晃啊晃啊。晃半天没人注意到，你的幸福变成什么？痛苦。所以幸福往外求，最后的结果铁定是痛苦。为什么？求不得就苦啦！你晃半天，每个人都忙，没注意到。你问男同事："你不觉得我今天有什么不一样吗？"他说："有吗？"所以我们把幸福快乐的钥匙交给谁了？交给别人了。

而且买那一件衣服，信用卡一刷，薪水就去一大半，后半个月很可能要吃泡面，所以后面还是痛苦。很多人讲："穿衣服要跟着潮流，不然穿出来会笑死人。"大家思考问题不能随波逐流，要静下来，要有见地，要有智慧。"笑死人"，是他死，又不是我们死，你紧张什么？

再来，做人高明要高在哪儿？住很豪华的房子，穿很漂亮的衣服，其实这样很累啊。你身边有没有这样的人？你觉得那个是幸福的话，那你要深入调查，不然就没有科学精神，要实事求是，不能看表面。你看那些走在星光大道的明星夫妻，一走出家门，"嚓嚓嚓"，好多照相机对着他们，是吧？走上颁奖典礼，牵着手很高兴。回到家，门一关，哼，话都不讲了。有没有？有。所以我们都看到表面，没看到真实的状况。

所以现在的人忙什么？忙赚钱。追求无止境的虚荣跟欲望，把人给累死了。虚荣心愈来愈膨胀，不只自己跟人比，太太也跟人比，先生也跟人比，儿子也跟人比，最后谁也累呀？我们身边的亲朋好友都累。所以错误的价值观不只障碍了自己，也障碍了身边很多人。

真正心灵提升，住个小房子，感觉跟天地一样宽；吃个有机蔬菜，觉得很香。很多人很有钱，吃很贵的东西，边吃，脑子还在边想事情，他根本不知道菠菜的味道到底是什么。大家有没有跟大老板一起吃过饭？人家跟他讲话，“嗯嗯嗯”，你看他眼睛，好像有听没有入，他担心的事情很多。

一个人心灵提升了，尤其女性同胞，特别有气质。有气质的人，二十块的衣服可以穿成两千块；没气质的人，两千块的衣服一穿，变成二十块。还让人家猜衣服多少钱，人家一猜，把她给气死了。所以，我们要追求最根本的，就是人的心灵成长，成长有喜悦啊。今天我们改掉了一个坏习惯，从此不再被它控制，高不高兴？你们没反应，你们还没有这个经验吗？

比方说，男同胞抽烟，一天抽三包，不抽就快呼吸不了。突然有一天下定决心把烟给戒了，高兴多久？这辈子不再做欲望的奴隶，这种高兴叫真幸福。真就是永远不会改变，会变的东西，不是真的。可是我们定义的幸福，绝大部分都是建筑在会变的物质跟人事之上。假如我们定义的幸福是这样，是不可能真正得到幸福的，因为方向就已经错了。

《礼记·学记》对教育的启示

这个大时代的人其实缺乏深思，人云亦云，赶着流行，随波逐流。追求错了，每个年龄段都有痛苦。我们看小孩：夫妻不和，孩子痛苦；读小学，攀比成绩很严重，孩子很辛苦；上了大学，不知道人生应该怎么经营，常常烦恼一大堆。尤其在学校，不知道怎么跟人相处，很郁闷。结了婚，不知道夫妻怎么相处，每天小吵天天有，大吵三六九。为什么大吵是三六九？因为发一次大的脾气要调养两天，才能恢复元气。

大家要注意，不好的习惯养成之后，好像不这样会怪怪的，习惯会成自然。常常吵架习惯了，突然有一天觉得浑身不自在："我今天还有哪件事没做？哇，还没吵架。"这个坏习惯要赶紧断掉，拿出智慧剑砍断烦恼丝，不然人生这么宝贵的时光都耗费了。要做一些有意义的事啊！

请问大家，哪一个结婚以前，去上过五天夫妻如何和谐的课？哪一个结婚之后，去上过五天如何教育下一代的课？请举手。我非常佩服大家的勇气，这样你们都敢结婚，都敢生孩子。你们真是有大无畏的精神，都不知道未来会怎么样就"冲啊"。

所以，接下来跟大家交流的主题，是《礼记·学记》对教育有什么样的启示。这个教育不只是教学生，还有我们自己的孩子。我们是老师，也是孩子的父母。甚至于在学校，我们是领导，学校也是一个大家庭，当领导怎么爱护下属，也要懂得其中的道理，"人不学，不知道"。当领导有君道，当老师有师道，当医生有医道，从事商业有商道，哪个行业没有正道？

我们当老师以前，在师范学院，有没有上过五天的师道？请问大家，韩愈的《师说》读过没有？"师者，所以传道授业解惑也。"

请问大家，我们老祖宗留下来的非常精辟的《礼记·学记》，读过没有？“学然后知不足，教然后知困。知不足，然后能自反也；知困，然后能自强也。故曰教学相长也。”这句话从哪里来的？从老祖宗那里来的。我们知道《爱弥尔》这本书，我们认识很多外国的教育心理学家，可是我们认识孔子吗？我们认识韩愈吗？这么悠久的历史和智慧，我们可能把它忽略了。

很奇妙的一点，我们老祖宗留下来这些宝贝，你有没有看到哪本古书后面印了两行字，“版权所有，盗版必究”？所以告诉大家，真正开智慧的人，他明白哪件事呢？“人之初，性本善”，每个人都有本善，都有明德，人的智慧德行是他本有的，不是我给他的。既然不是我给他的，那我就不能觉得自己功劳很多。

很多人开心理课程，收费很高，上三天课，一千多？我现在是不食人间烟火，这个行情我可能要去调查一下。收五千的都有？告诉大家，“收人钱财，与人消灾”，你收费这么高，最后他的问题没解决，请问这个责任谁来背？对啊，你跟人家收那么多钱，你能不背吗？“君子爱财，取之有道”，你今天跟他收钱，教给他的是真正的高度智慧，能解决问题，那可以。解决不了，你要负责任。

《礼记·学记》里面讲到，“禁于未发之谓豫”，这叫预防法。我们老祖宗的每一个学问，都讲到了“禁于未发”。像医学，“不治已病治未病”；治理国家，“不治已乱治未乱”。相同地，我们当老师的，首要的不是去治已经出问题的孩子，而要在他问题还没出现之前，就能把他导正。这个叫高！等问题出现了才收拾，那收拾不完。这边收拾一下，待会儿又要跑到另外一边去。

《弟子规》从第一句到最后一句，都是“禁于未发”。第一句，“父母呼，应勿缓”，这个孩子恭敬，就不会对父母傲慢、顶撞。已经是父母讲一句，他回九句，叫“一言九顶”，你再来管，好管吗？是啊，我们现在没有“禁于未发”的智慧，统统在收拾烂摊子。

诸位老师，你们相信孩子会愈来愈好的请举手？好，请放下。你不相信孩子会愈来愈好，还能干老师的工作，我也服了你了。就好像“世界会愈来愈黑暗，我还是继续教书”。应该是愈来愈有希望，所以努力去做。

真的，我们体会到“禁于未发”，从哪里去教导？从孩子的心性这个根本。“教也者，长善而救其失”，长他的善心，救他的过失、坏习惯。很精辟，就在《礼记·学记》里面。

比方说，孩子跟父母讲话很冲，为什么？脾气大，控制欲太强，没有耐性，这都是问题。可是假如从小就学会“亲有过，谏使更，怡吾色，柔吾声。谏不入，悦复谏”，这个孩子能够通达人情，体恤入微。为什么？他要观察，这一次劝不动，得要看妈妈哪天心情不错，“悦复谏”，就是高兴的时候再劝。父母很不高兴，他还搞不清楚状况，最后就起了冲突。“悦复谏”,“复”是不厌其烦，很有耐性。我们现在没有这个心境，劝人家一次劝不动，“管你死活，真是没有善根”。耐性没有了，脾气就跟着来了。

我们这一生，精神、时间很多都耗在哪儿？耗在负面的思考。特别容易怀疑自己、打击自己，有没有？这个时代，要找到一个很有信心的人不容易。可能我讲到这里，有人不服气：“我很有信心。”假如一个人很坚定地说“我很有信心”，可能他是自大。大家注意去观察，真有信心的人，是不卑不亢，不自卑也不自傲。就怕别人不知道他优秀的人，不一定是真正有信心的人，他急于张扬自己。而事实上，傲慢的人其实是自卑的。他为什么要傲慢？怕人家瞧不起他。所以老祖宗讲的“中庸之道”，很有味道。但是这有关心性的道理，不深入经典，随着世间人看问题的角度跟说法，很难契入。

人如何自信？《三字经》开头就给我们讲清楚了：“人之初，性本善”，相信自己，不自卑；但是“苟不教，性乃迁”，一个人觉得自己有缺点，他就不傲慢了，常常觉得比人家高，他才会傲慢。所以经典开头第一句都是最重要的。“人之初，性本善。”“大学之道，在明明德”，我有明德。一个人真正相信自己有本善，肯努力的话，可以具足圣贤一样的智慧跟德行，他不会自卑，他会努力，赶快改掉自己的坏习惯，他不想再糟蹋自己了，自己是这么好的本性啊！有这样的认知，精神跟时间不会耗在自我否定上。

希不希望自己的孩子跟学生都相信自己可以成圣贤，不会常常否定自己？常常沮丧，否定自己，这也是烦恼。烦恼重了，智慧就不开。所以《弟子规》最后一句，“勿自暴，勿自弃，圣与贤，可驯致”，这句话也是“禁于未发”，对治什么？对治自我否定的错误心态。现在的人有时候气自己气到拿手去打墙壁，那就是自我否定太严重了。

《礼记·学记》讲的“禁于未发”，叫预防法；“当其可之谓时”，叫及时法；“不陵节而施之”，叫渐进法；“相观而善之谓摩”，叫观摩法。这些方法在几千年前老祖宗的经典当中都写了。老祖宗都没有说这是我发明的，结果现在的人说这个理论是我发明的。孔子说他所谈的这些教诲，是“述而不作”，只是承传古圣先贤的这些宝贵的智慧，承先启后。真正入境界的人很清楚，每个人都有本善，不是他给的。所以他不会邀功，觉得这个是我发明的。“述而不作”，孔子给我们很重要的求学问的态度。一个人稍有体会，就觉得是自己体悟出来的，铁定落入傲慢。

孟子讲，人生有三乐

刚刚跟大家提到“真”幸福，不变的才会幸福。一个人的孝心自始至终不变，这个人很幸福。大家有没有见过两岁的孩子看到妈妈进门，然后双手打开，“妈——”抱在妈妈的怀里，幸不幸福？幸福。那你们有没有见过六十几岁的人，一进门，见到他九十岁的老母亲，“娘——”？假如看到这样的人，赶快去跟他取经，他知道人生真幸福是什么。

二三十岁，建立了一个小家庭，开门进去，面无表情，“妈，我回来了”，你看他幸不幸福？他家财万贯，我跟你打包票，他也不幸福。现在不只没有说“妈，我回来了”，是推进自己家门连问候都没有，就坐在那儿，一句话都不谈。

孟子讲，人生有三乐，给我们真正幸福一个很好的方向。

“父母俱存，兄弟无故”。人跟父母、兄弟的情感终身都不变。大家有没有回想到小的时候，那时家里穷，一支棒冰，五个七个兄弟姐妹一起吃？好不好吃？好吃。那个时候一支多少钱？五分钱两支，是吧？现在一支要两块，没有以前好吃。为什么？“不是风动，不是幡动”，不是棒冰动，是什么？心变了，幸福就变了；心不变，幸福就终身保持。假如二十年过去、三十年过去，兄弟之间还是无话不谈，还是不分彼此，我相信这样的家庭，一定是身边所有朋友羡慕的家庭。

还有“仰不愧于天，俯不怍于人”。这一生不做亏心事，一定会有那种俯仰无愧的快乐。这样的人不会得抑郁症，不用吃安眠药。现在吃安眠药的人愈来愈多，问题在哪儿？有些人是觉得很多事对不起良心，夜阑人静的时候，比较容易惭愧、自责。

可能我们讲到这里，有人说：“以前对不起良心的事都做了，那这个乐我不就得不到了吗？”浪子回头金不换，“从前种种，譬如昨日死；从后种种，譬如今日生”。以前的错，忏悔、反省、改过，而且又以此去劝告所有的人，金不换啊！很多人会被我们给劝回头，因为我们有那个经验，跟他一讲，产生共鸣。所以人觉悟之后，以前所有的错误，会变成成就别人幸福很重要的资粮。

举个例子，有一次吃饭的时候，我看到一位女士眉头深锁，很痛苦。我们觉得人生放下了就能快乐，看她这么痛苦，有点不忍心，就很自然地跟她聊起来。聊着聊着，发现原来是夫妻相处的问题。讲了一些情况，我就帮她引导，慢慢地心里比较放松，眉头也解开了。有些人那个眉头紧锁到会夹死苍蝇，所以假如是这个情况，要写一行字——“非请勿进”，不然夹到了，“恕不负责”。正听得高兴，“对对对，你讲得很有道理”，突然她看着我：“你结婚没有？”我说：“还没有。”她说：“哎呀，你不知道啦！”我前面的都白讲了。所以，你要走过那个人生，才劝得动有同样遭遇的人。

所以告诉大家，觉悟了，你这一生没有一件坏事；迷惑了，好事都变坏事。为什么？迷了之后，统统都在那里贪心、挂碍、强求，好事都变坏事。所以幸福跟痛苦在迷悟之间，觉悟了，烦恼放下了，幸福就现前了。“从前种种，譬如昨日死”，只要我们从今天开始，做每一件事都对得起良心，这种快乐自己也能尝到。这是第二个快乐。

第三个快乐，“得天下英才而教育之”。诸位教育界的同仁，怎么没有一个人露出微笑给我看？怎么听到这句话，大家都笑不出来？

假如笑不出来，就要想到老祖宗另外一句话，叫知足常乐。我们教学，有一个学生肯听话，一个学生肯改过，一个学生进步了，哇，好高兴，你都想这个人就好了。一个好的，你不想，都想其他三十几个不好的，难怪笑不出来。所以快乐跟痛苦一念之间。而且，很有意思，那个不好的，你就一直盯着他不好，他就开始放大、放大，愈来愈不好，会起微妙变化。这叫皮格马利翁效应。对啊，这不是教育学里面讲的吗？

有一次，我们一个同仁到教室去。那个桌子是白色的，孩子写毛笔字，只有一小滴滴在了桌子的最边角。这个同仁皱着眉头：“哎呀，你看，这里脏。”结果另外一个老师说：“这里全不脏。”这个同仁只盯在哪里？盯在那个黑点，其他好的部分他看不到。

很微妙，你盯着先生的缺点，他所有的优点你都看不到；你盯着孩子的缺点，他所有的优点你也看不到。那我们换一个角度，请问大家，希不希望你身边的人拿着放大镜盯着你的缺点？假如你希望，那你以后是圣贤人。“来，放马过来，把我的问题都指出来。”

那你修养很好。从人情事理上说，都这样盯着，人家很难受，压力很大，所以“己所不欲，勿施于人”。

我们从事教育有这样的经验。比方说刚接这个班，就有同事过来了：“哎哟，怎么最差的都在你们班，你知道那个是魔王。”他这么一讲，心里落个印象，然后就盯着那个孩子看。你看，就是魔王。哎呀，打瞌睡了；哎呀，又在动歪脑筋了。所以不是风动，也不是幡动，是什么？心动了。

有这样一个实验，校长对老师讲：“我把这个年级最优秀的学生，全部都放在你们班，你要好好教，个个优秀。”这个老师从第一天进来，就带着愉快的心情带这个班，果然成绩优秀。一年之后，校长笑着对老师讲：“告诉你一件事，你们班是常态随机分班，没有挑过任何一个学生。”那个老师非常惊讶。为什么这些学生个个优秀？因为这个老师觉得每一个学生都好，都优秀。这样的心，孩子觉得老师爱他，老师信任他，他的动力就出来了。

所以，我们不要受这些说法的影响，我们至诚相信，每一个孩子都能变好。那个从一年级到四年级都被老师讨厌的孩子，到我们班上，特别敏感，他到一个新的班，眼睛一直盯着老师看，又期待，又怕受伤害。他很希望老师信任他，他想改，可是又想：“哎哟，其他老师会不会已经跟我老师讲我很差？”但我们的眼神都是完全的信任、包容，他可以感觉到，就会产生向上的动力。

这个世界的问题没有很复杂，缺了一个东西而已，这个东西叫爱。只要有爱，所有人的问题就能慢慢解决。所以老祖宗的教育，叫“爱的教育”，我们要抓到这个核心点。真正能让孩子自爱、爱人，他的幸福就到了，这是他这一生真正幸福最重要的基础。《弟子规》告诉我们，“恩欲报，怨欲忘”，一个人的内心只装人家的恩，只装人家的好，所有的不愉快从不往心上放，那他当然是幸福的人。

德行为本

我们要给孩子这样正确的人生态度，得先反观自己。我们心里面都放着谁对不起我、谁很讨厌，翻开《弟子规》，“来，小朋友，今天教大家‘恩欲报，怨欲忘’”，马上就卡住了，讲出来的话真诚吗？自然吗？产生共鸣了吗？很难。所以教儿教女先教自己，真正是这样的人生态度，你不用给孩子讲道理，孩子在旁边看自己的父母、老师与人的相处，他就学到了。

所以，看事情，我们要看到根本，从根本下手，不要从枝末下手。教育，根本是身教，言教是辅助。可我们现在把言教视为教育，忽略了身教，本末倒置。告诉大家，现在处处皆有本末倒置。

比方说，教孩子最重要的根本是什么？“德者，本也；财者，末也。”你们没念过《大学》吗？不是university（大学），是“四书”中的一本。所以，人没有深入经典，这一生什么是本什么是末，什么是先什么是后，什么是轻什么是重，什么是缓什么是急，判断不出来。谁都知道“至要莫若教子”，一个家庭把下一代教好最重要，但大家观察一下，花了多少时间去教？所以，“教孩子最重要”叫标准答案，标准答案只在考卷上出现，考完试就忘了。

所以现在有一个现象，成人听到一些很好的道理，“对对对，你讲得很有道理”，一离开又忘了，该怎么样还怎么样。为什么？因为这些道理听得太少，还起不了作用，不良的社会风气太强，一下就被拉过去了。

所以，“本末倒置”，这个成语不是说别人，我们要反观自己能不能抓到本。教好孩子德行是本，结果我们现在都是告诉孩子好好读书，以后赚大钱。从小就是钱、钱、钱，钱摆第一位，父母就摆第二位了嘛，重利轻义。

有些长辈觉得很无奈：“我们这一代人，是孝顺父母的最后一代，是被子女抛弃的第一代。”告诉大家原因在哪里：本末倒置。下一代连什么是孝道都没搞清楚，他怎么会懂？所以判断轻重本末是重要的智慧。

我们看，现在的男女找对象，什么最重要？（答：德行。）标准答案。告诉大家，为什么现在的学生特别会考试，走出教室就不守规矩？因为我们也很会讲标准答案。所以当老师当久了，得常常换位思考，不然自己在教室里面是国王，是皇太后，“统统都要听我的”，会形成这个执着点。我有个好朋友说：“你以后找对象，千万别找小学老师，因为她在学校是老师，她回来还是老师，对先生跟对学生一样：你干什么！……”

当然，诸位朋友，学东西要会学，举一要怎么样？反三。最重要的是反到哪里？反到自己身上。不要我这么一讲，男同胞说：“对啊对啊，我太太就是这样。”你别害我，你不要回去跟你太太说，蔡老师都说你。那我就跟你太太结了冤仇。

所有的道理都是来观照自己的。当老师会有执着，请问当主管会不会有执着？很多人在公司是董事长，回家还是董事长，在妈妈面前也是董事长，那这个心性就一直在后退。所以，学问的功夫都在心地，不是在外面。

刚刚我们讲到男女找对象。以前都知道，娶妻要娶德，贤德，讲究“门当户对”。大家知不知道什么叫“门当”？什么叫“户对”？门当就是门前两个石鼓，代表这个家庭很有地位、很有学识；户对是门上面的装饰。那都代表这家的学识跟社会地位，不是代表一个月收入多少。现在都变成多少钱了。

现在一些人考虑事情，真的是急功近利，想得太浅了。去给儿子找对象，找那个最有钱的，好不好？找最有钱的，那叫千金小姐。你为了钱，儿子可能一辈子都要很辛苦，得要分析得长远一点。你说，她长得很漂亮。请问大家，漂亮能看多久？告诉大家，漂亮最多撑三五天。要觉得另一半一辈子都很漂亮，没有心灵美是办不到的！没有心灵美，三天保证开始吵架，不相信你试试看。三天发生那么多事情，脾气不好，铁定显现出来了。

而且更重要的，结婚证已经拿到了，是吧？“终于到手了”，心境一变，不是风动，也不是幡动，心动啦！从念念欣赏对方的好，那个章一盖下去，转了，就开始看缺点了，开始“你应该为我做什么”了。本来是“我能为他做什么”，突然变成“他应该为我做什么”，从付出变成要求，哪有不苦的道理？

所以，人与人的关系，也在突显本末倒置。传统文化里面有句话很有味道，叫“万法由心生”。所有人世间的事情，都是人心的反射，心本末倒置了，什么都是本末倒置，甚至于一颗糖果都本末倒置。大家看三十年前的糖果长什么样子？穿着白色的衣服，很朴素，虽然不很起眼，可是吃起来很香、很浓，是不是？三十年之后，穿得很漂亮，一盒包得很好看，拆开来还有一个盒子，再拆开来，还有包装，再拆开来，一点点。请问我们是吃糖还是看包装？不要觉得这个小东西没学问，小东西都在反映人心的问题在哪里——不重实质，重表面。

当然，我们体会到这一点，不是去看别人有没有看实质，首先是看谁啊？自己要先清楚了、觉悟了，才能帮助别人觉悟。自己都糊里糊涂，谈不上帮别人觉悟。

我们看团体里面，现在的领导者喜欢用什么人才？有才华的，聪明的。“才者，末也”，可是人很容易欣赏才华，而忽略德行。所以团体里面为什么问题很多？重才华不重德行，有才华而无德行的人掌握权力之后，就胡搞瞎搞了。

我那个时候去学校应聘，考试考过了，校长给我面试，我笔试过了，试教也不错，剩一个口试。结果一坐下来，那个校长说：“你有没有行政经验？”“没有。”“你有没有比赛得过奖？”“没有。”“你有没有带学生比赛得过奖？”“没有。”他问了好几个问题，我都摇头。最后我心里想，可能考不上了，都是摇头，怎么考得上呢？我走出去有点落寞，教育界居然不要我了。我觉得很遗憾，他怎么没问我一个问题：你有没有爱心？

大家看团体里面，到底什么是本？什么是末？包括我们交朋友，道义是本，利益是末。现在是有利可图，才是朋友；没利可图，变成陌生人了。朋友之间的情谊非常淡薄，我们就体会不到古人讲的一句话：“人生得一知己，死而无憾！”什么味道？我们尝到没有？

这个味道很浓很厚啊！

常保赤子之心

好，我们今天明白了，真正的幸福，不是向外求，在我们的心。人能去掉贪心，去掉自私自利，念念为人着想，念念能爱人、能尊敬人，“爱人者，人恒爱之；敬人者，人恒敬之”。痛苦从哪里来的？把“我”看得太重，什么都是“我”。

大家见过许哲女士没有？她的笑容跟婴孩一样。一个人活了一百多岁，依然保有赤子之心。孟子讲，“大人者”，真正有学问、道德的人，“不失其赤子之心”，心上都没有装不好的东西，看到人就笑。大家看那个刚出生的婴儿，一天笑多少次？没人他也笑。科学家研究发现，一两岁的孩子，一天平均笑一百七十次；成年以后，一天平均笑七次。恭喜大家，今天笑的次数超过平均值很多啦。好的开始是成功的一半。

这样喜乐的心、豁达的心终身保持，从今天开始，“日日是好日，时时是好时，人人是好人，事事是好事”。我现在念这句话，好多人都是笑着一起念出来的。刚刚我说“得天下英才而教育之”，没有一个笑给我看。所以大家在这段时间放下了执着，心灵已经提升上去了。一个人幸福快乐，就是在这个念头上转过来了。

那我们想一想，一个人的人生不断在努力，为什么到最后愈来愈笑不出来？铁定方向错了嘛。在人生成长的过程当中，我们增加了些什么，造成我们笑不出来？太多的追求，要吃好、穿好，很多攀比，希望丈夫长得跟哪个明星一样，太太跟哪个明星一样。求，苦就来了。

你问两岁的孩子："谁最漂亮？""妈妈。"他还没受污染。谁最帅？"爸爸。"我跟大家保证，他这个认知终身都是这样。为什么？爸爸妈妈真的有德行，那是打从内心对父母佩服。母亲有德行，儿子找对象一定都找跟自己母亲差不多的，他就不容易找错，这个都是很微细、很自然的。

好，我们今天了解到痛苦的原因在贪，贪求愈来愈多。孩子没有那么多贪，看到妈高兴，看到爸高兴，看到谁都高兴；他不记人家的不好，所以不会发脾气，他没有嗔。我们就记别人不好，把本善的心一直放一直放，看到那个人，"哼，有什么了不起"，脾气就来了。

我们在小学教书，都有这个经验。孩子不对，你批评他，训斥他一顿，你的气还没消，他要离开的时候，"老师再见！"他什么都忘了。所以跟小孩相处有一个好处：常保赤子之心。有时候遇到这个情况，我在想，到底是他有功夫还是我有功夫？谁在教谁？所以，不记跟人家的这些不愉快，就不会嗔恨。不贪、不嗔、不痴、不傲慢，不疑神疑鬼，这些心态阻隔了我们跟幸福连接。

一个人要能不贪、不嗔、不痴、不慢、不怀疑，不怀疑自己，也不怀疑别人。大家想一想，一个人傲慢的时候，别人有压力，他自己快不快乐？所以这个时代，自己不想清楚，都是伤害别人，糟蹋自己。人生有一个真理，害人绝对害己，你对别人发脾气，人家吓得半死，自己呢？暴怒伤肝。害人绝对害己，利人绝对利己。比方我们今天去参加一个课程，台上的人有点紧张，在那里发抖，我们在底下给他一个鼓励的眼神，给他鼓掌，他就不紧张了。利人也利己，为什么？你拍手，手上有通往器官的穴位，你一拍，全身畅通。（掌声）大家今天开悟了，利人绝对利己。

那我们有没有学到什么是真爱？幸福的关键就是懂得爱。自己能爱护自己，又能爱护别人，自己有幸福，别人也有幸福。大家有没有上过哪一堂课，让我们认识什么是真爱？大家有没有发现，现在很多人拿着爱的大旗去伤害别人？“我爱你，所以你要怎样怎样”，有没有？现在很多男女谈感情谈到最后，活不下去了，互相伤害的都有。爱是什么感觉？温暖。压力怎么会愈来愈大？铁定是我们口头上给人家爱，事实上，那是欲望，那是要求，那是控制。什么才是真爱？明天再跟大家交流。

二、幸福的关键：福田心耕

读《论语》乐不乐？

大家昨天睡得好吗？（答：好。）睡得好，才能吃得好。睡得好，又吃得好，是人生最大的福气。假如地位高，财富又多，但是吃不好、睡不好，那也不见得是福气。所以世间，什么是福？什么是祸？什么是利？什么是害？我们冷静思考才会懂得。

我们前面谈到，自爱才能爱人，那我们真的懂得自爱吗？我曾跟大学生交流，我问他们是小学的时候德行好，还是大学的时候德行好，很多都说是小学。假如我们的德行是小学的时候好，那我们有没有自爱？自己的德行一直往下降，我们做了什么事情？有没有帮助自己的心灵提升上来？

我们看看自己这一生，有没有爱惜自己？我们跟自己二十四小时朝夕相处，都不懂得爱惜自己，请问还能去爱人吗？我们都想着要去爱别人，那真正懂得什么是爱了吗？我们人生的很多想法都很好，我们希望去爱父母、爱孩子，对社会有更多的贡献，但是在追求这些目标的过程当中，有没有一步一脚印，懂得“君子务本，本立而道生”？成就有意义、有价值的人生，必须建立在什么基础之上？假如没有这个基础，那就是好高骛远。

所以老祖宗这些话，事实上每一句对我们的人生都有很大启示。问题就在我们只拿来背，拿来考试，没有用在自己的人生，没有启发自己的人生。大家觉得读《论语》乐不乐啊？你们没反应。我听懂了，虽然你们没讲话，但我听懂了你们的心声。假如我们面对这些五千年的经典都这么苦，然后跟孩子说，“学而时习之，不亦说乎”，你说他相不相信呢？小孩子特别敏锐，骗不得，来不得半点虚假。我们小的时候是很敏感的，爸爸心情好不好，你知不知道？他有没有说话？没有啊。那你怎么知道？

其实我们都是很敏锐的，心的力量很强，可是，读了大学以后，妈妈都已经痛苦万分了，我们都不知道。为什么我们心的力量愈来愈弱？这值得我们思考啊。

老祖宗的教诲是顺着人性教

我记得有一次是母亲节，上《弟子规》的老师们就设计了课程，让孩子给母亲行跪拜礼，感恩母亲。这些母亲坐在椅子上，孩子一拜下去，母亲就流眼泪了，很感动。一个五岁的孩子抬起头来，看到母亲流眼泪，他也跟着哭起来了。我在旁边观礼，也很感动。事后，我就把这个孩子找过来，我说："你刚刚为什么哭啊？"他说因为妈妈哭了。母子连心啊，一下子心电感应，这是每个人本有的天性。

我们办过一些课程，有些官员来了，来的时候，头是这样昂着进来的，上完课，是九十度鞠躬出去的。结果他们的上司就说了："哎哟，这个地方很危险。"其实他误会了，那是老祖宗的教诲，是顺着人性教，每个人都能接受。《孝经》就给我们讲得很清楚，"父子之道，天性也"，不是违逆人的本性在教。

我们很熟悉曾子，他是孝子，传了《孝经》。"二十四孝"里面提到，曾子有一天到山上砍柴，结果有朋友走了不知道多少天的路程去找他。母亲看到他的朋友来了，曾子又不在家，人家已经走了这么远的路，很怕让人家再等。以前的人很厚道，都替人想。所以情急之下，她就咬了一下自己的手指。一咬下去，曾子马上心痛，感觉到家里有事，赶紧回来。母亲讲："没事，没事，你的朋友走这么远的路来了，我真怕他等。回来就好，回来就好，赶紧接待朋友。"母子连心，曾子这么大年纪了，还能跟母亲有心的感应。

诸位朋友，现在我们的父母咬断手指，我们知不知道？我们的天性怎么变成这个样子了？应该是保持再发扬啊。这样的例子，不止一个。包括庾黔娄，他去当官，突然心里发慌，马上把官职辞掉。以前的人太可贵了，功名利禄不放在心上。为什么？功名利禄是拿来照顾人民的，不是贪那个权贵，所以名利没有污染他们的心。

现在的人一赚大钱，连父母都要看他脸色："哎呀，你要赚钱，你没空，不用来啦。"我们当儿女的听了："嗯，对对对。"现在这个世界谁最大？Money。颠倒啦！以前是时时都念着父母，现在时时都念着钱。大家看，老祖宗给我们讲得很清楚，这个"錢"字怎么写？常常只想着金钱，就要出事啦，两把刀就要现前了。现在父子争产，兄弟告上法庭的，多不多？多啊，不是新闻。所以，颠倒的现象处处都在。"万法由心生"，因为人的心偏了，种种乱象就出来了。

老子讲："知常曰明，不知常，妄作，凶。"知道什么才是做人的常道、正道，这是明白人；不知什么是常道、正道，行为很可能造成人生的凶灾。

现在不孝的儿女很多，请问大家：五千年来，哪一个时代的父母花最多时间教孩子？现在。大家都有同感，"心有戚戚焉"。再请问大家：这五千年来，大家学过经济学，从投资回报率来讲，哪一个时代的儿女教得最差？现在。不划算。你说现在的人很会算，对吗？对，不过后面还有一句话等着，叫"人算不如天算"。人再怎么会算，假如不跳出自我、自私，所能算到的，只是眼前的利益而已。只看眼前，就看不到未来。所以急功近利，好像眼前经济好了，下一代完了。

再来，大自然岌岌可危，很多科学家就讲了，人类再不改变行为，未来多少年这个地球都不能住人了。请问大家，钱存到可以上火星了吗？现在的人还是在那里思考，我要赚多少钱，以后就能解决问题。人不知道根源在哪儿，病急乱投医，根本解决不了问题。

很多人生的道理，不见得是经典跟别人告诉我们，一个人善于观察，善于用心，当下就可以看到什么叫真相、真理。比方说，邻居有钱了，就非常嚣张。请问大家，嚣张多久？可能有些人家父母不识字，邻居常常还骂他们傻人、笨人，结果这家的儿子五个都读大学。为什么？因为被人家骂是消自己的过恶。世间没有做错事，还常被人骂，子孙往往骤发，会发达起来。

告诉大家，明理之后被人家骂，你会很高兴："哎哟，我有福啦，后代有福啦。"你不明理就每天气得要死，把自己的身体都气坏了。真明理了，这个人世间没有一件坏事。所以你今天假如被骂了，你要懂得："哎呀，种福田。"

尤其是你做了好事，人家还骂你，还误会你，不要难过。一来，修你的定慧，这个时候你还不解释，还能忍辱。"观德于忍"，一个人德行从哪里提升？任何境界都忍得住，不跟人计较，不跟人对立，德行就上去了。讲两句，我们脾气就上来了，火烧功德林啊，所有的修养，一把嗔恨的火全烧光了，烧完三天还缓不过劲儿来。你说这不是自讨苦吃吗？自找罪受。"观福于量"，看一个人福气有多大，看他的肚量。一个人能当上宰相，"宰相肚里能撑船"。

所以大家注意看，很有福气的人，相由心生，耳垂特别厚，脸特别大。现在的孩子有这个相貌的愈来愈少了，从小奢侈浪费，福气都耗掉了。你们不要拉耳朵，拉没有用，要记住一句话，"君子务本"，要从根本下手，不要从现象下手。什么是本？相由心生，要转心啊，心一转，相貌就转了。

《了凡四训》当中，袁了凡先生遇到一个小时候的朋友，这个朋友小时候的坏习惯都改掉了，本来很傲慢。他们一起进京赶考，看这个朋友整个气质都变了，尤其很谦虚，袁了凡先生就说了，他今年一定考中。放榜出来，果然考中了。《尚书》告诉我们，“满招损，谦受益”，这是真的。一个人能不能改变命运，根源是他改掉习气多少。不是每天在那里拿着书读，你就改变命运了。书只是告诉你方法，怎么改正自己的习气，真改了，命真变。

积福，折福，人要会算

有没有人去算过命？算得准不准？很多人算得很准。告诉大家，你假如学《弟子规》，还被人算得很准，叫白学了。你没改习气，所以命都没变嘛。学了一阵子，去算算命也是可以的。最重要的是看什么？我有没有真学、真干。一算，不准，就是自己真下功夫了。整个《易经》就是讲趋吉避凶，本来的灾难可以避掉，自己就是“德日进，过日少”。

刚刚跟大家讲到地球的危机和人类的打算，人算不如天算啊。而且，灾难的根本在哪里？就像中医治病，得把病根找到，才能治好。病根在哪儿？《尚书》告诉我们：“作善降之百祥，作不善降之百殃。”如果没有这些经典，我们活在这个世上，面对这些境界，都只会着急，“哎呀，怎么办啊？怎么处理啊？”《尚书》又告诉我们：“天作孽，犹可违”，整个天灾是可以转变的；“自作孽，不可活”，自己不肯改过，继续造恶，灾难就很难化解。

所以，要转变世界的灾难，要真正改变自己的命运，改变家族的命运，根源在转变人心。但是问题来了，人心要靠教化，教化可不是急功近利办得到的，“十年树木，百年树人”，教化是根本解决问题的关键。请问大家，现在这个世界上哪个行业是最重要的？（答：老师。）你们说的，不是我说的。真正思考了，真解决问题。外交很难解决这些问题，政治、经济、武力都很难解决。甚至于这些方法，坦白讲，愈解决愈复杂。为什么？舍本逐末。经济学家用的方法，最后变成金融危机。他们提供的方法，连自己心里都没底：“投了这么多钱，到底能不能解决？”告诉大家，只要继续奢侈，这个题目就无解。对啊，继续奢侈，福气全都耗掉了，哪有解啊？

我们看，美国武力最强，经济算是很发达的，但是大家知不知道，全世界欠钱最多的是哪个国家？一个人没钱还到处花钱，你尊不尊重他？这样的行为，在我们的世界里，都觉得很无耻。自己爱花钱就罢了，还把这些价值观送到全世界，“都要学我，都要学我”。好莱坞电影就宣扬这种价值观，是不是？所以下一代的思想观念都受影响，包括我。你说冤不冤枉？

我读初中的时候，书桌前贴着一个偶像，叫西尔维斯特·史泰龙，演《第一滴血》的，拿着一支冲锋枪，好酷哦。什么叫英雄？嗒嗒嗒，用武力叫英雄，误了我好多年。这叫逞强好胜啊。

这个魔，心魔，入心了，逞强好胜，嫉妒心就很强。看到同学考试考得比我好，心里很不高兴：“运气好而已，有什么了不起。”虽然心里这么想，还要装着祝福他的样子：“哎呀，恭喜啦，考得不错。”所以从中养成了心口不一。心口不一，就不真诚了，人一不真诚，这个心性就是折自己的福啊。尤其是心生嫉妒，或者瞧不起人，人家考得比我差了，很高兴。所以福气在哪里漏掉了？一念之间啊。

跟常道相应，就积福；跟常道不相应，就折福。世间人要会算。

诸位朋友，我们有两本账本：一本是银行的账本，这是看得到的；一本是看不到的账本，是我们积了多少善行，以后会福气现前，就像种田一样。大家要注意，再多的钱也化不了灾难。每一个大灾难来的时候，请问有没有有钱人遇难？有。对啊，他的钱能不能化他的灾难？化不了。只有行善积德才能化灾难。

所以告诉大家，人世间有两件事不能等：行孝跟行善。我们看到很多很有钱的人，因为没有积德，凶灾来了，身边很重要的亲人去世了，甚至于他自己去世了，钱买不回寿命。所以行善要及时啊，我们不能变成守财奴。

学儒就学孔子

这个心，人心，才是解决问题的根本所在。知道问题的根本，要解决就不难。我们刚刚说到，这个世界上最重要的是从事教育的人。我常常看报纸，现在社会上确实有种种现象不是很好：家庭冲突了，人与人冲突了。我在看报纸的时候，觉得每件事都跟我有关系。比方说，有一个官员贪污了，我会先看他的名字，哎呀，好险，不是我的学生。比方说，有一个博士不孝顺父母，我一看，哎呀，不是我的学生，好险。请问大家，假如你的学生是博士，但是他跟妻子没办法相处，离婚了，你会不会高兴？假如你的学生是博士，他却高科技犯罪，你还会不会拍着胸脯说，“我的学生是博士”？不会啦。假如你的学生当官了贪污，我相信你连提都不敢提。当老师，“任重而道远”，社会上每一个现象都跟我们有关系。所以看报纸我都很谨慎，生怕失职。

每一个不好的现象出现，都值得每一个家庭，值得学校，值得整个社会，尤其是领导者思考。那是结果，原因是什么？没有教他做人，你能怪他吗？“人不学，不知道”，这是《礼记·学记》告诉我们的，你怎么可以责怪他呢？“人不学，不知义”。

《三字经》里面也有一段话，值得我们思考，叫“养不教，父之过”，这个“父”包括母亲。你不要看完之后，“都是我先生的事，不关我的事”。“教不严，师之惰。”我今天不是来吓大家的，我是告诉大家，责任重大是大福，也有可能是大祸。请问大家，要拿起大福还是大祸？谁都知道要拿起大福。大到什么程度呢？孔老夫子是我们的好榜样，他是我们这个行业的开山祖师。他是私人办学，有教无类，因材施教，一生尽心尽力、不疲不厌地教育学生。他福气大不大？你们身边没有孔子的后代吗？我来马来西亚都遇到两个了。福气很大，传到现在八十几代了，很兴旺，后代都很有成就。我们在南京办课程的时候，一次来了四代人，七十四、七十五、七十六、七十七代，共聚一堂，一起拍照。结果七十四代最年轻，他的辈分最高。福报这么大，为什么？承先启后，利益后人两千五百多年，福报当然大。

我们学习传统文化最重要的，学贵立志，要有远大的志向。所以学儒就学孔子，我们以孔子为榜样，因为我们跟他是同行。有志气啊，“圣与贤，可驯致”，孔子做得到，我也做得到。我看到有朋友的眼睛已经炯炯有神，放光了。“我从今天开始，就是效法孔子，我的念头、我的一言一行都以孔子为榜样。”这个人不得了，为什么？“知耻近乎勇”，他知道羞耻，“我的德行要效法孔子；我的行为比不上孔子，我觉得很羞耻。”这叫“德比于上则知耻”。“欲比于下则知足”，欲望、享受跟一般百姓比就好了，不要去跟很有钱的人比。人比人会怎么样？气死人。

欲望愈淡，身心愈轻安

说实在的，欲望要有节度。欲望没有节度，吃也要吃贵的，穿也要穿贵的。现在的人吃饭、喝酒，哪里叫享受，那叫自残；那不叫喝酒，那叫灌酒，是不是？“身体发肤，受之父母”，以前的人喝酒是怎么喝的？酒杯上面有两根金属，它的设计就是这样。它告诉我们，喝酒要适度，喝太大口，你眼睛都要瞎了。真的，酒精中毒，眼睛就完了，古人都知道要有度。现在的人咕噜咕噜咕噜，哪里叫喝酒？

吃饭，一天最多吃三餐，现在一天吃五餐的都有。“我钱多，要你管，我喜欢吃。”他不懂得一句话，叫“病从口入”。吃一大堆，吃到身体坏了。请问大家，三十年前有多少人听过癌症？现在没听到都觉得奇怪，三十年前没有的病，现在一堆。所以这都很值得我们思考。有一句话，应酬多的人，叫“上顿陪，下顿陪，终于陪出胃下垂”。吃到最后，身体都吃坏了。所以现在年纪大的人见面都说，不要吃太好了。吃太好，胆固醇太高，血压高。多吃些青菜豆腐，营养够就好了。现在不是营养不良，很多病都是营养过剩。

穿也要穿好的。太太在那里挑衣服，衣橱里的衣服总是少一件。挑到喜欢的：“买了，买了。”先生在旁边说：“麦啦，麦啦。”解释一下，这个“麦啦”是闽南话，意思是“不要啦，不要啦”。人生不要把自己的快乐建筑在别人的痛苦之上，这是做人的基本修养。我有一个长辈，他说结婚以前，觉得女人蛮好养的，才吃那么一点点。结完婚开悟了，吃的东西很便宜，衣服很贵啊。

所以勤俭持家就很重要。其实说实在的，欲望愈淡，身心愈轻安，“寡欲精神爽”。大家注意去看，历代高僧，平均寿命九十岁左右；历代皇帝，平均寿命四十岁左右。请问大家，谁有福啊？皇帝享那些福，命都没了。所以，欲望愈淡，对自己愈好。

再来，你自己很会花钱，“我很会赚，赚了就是要花啊”，但问题来了，请问你的孩子会不会跟你一样会赚？事情不能只想眼前，当我们的生活习惯已经变成孩子的生活习惯，变成很会花钱，我们已经让孩子变成欲望的奴隶了，自己都不知道。

古人很懂这个道理，钱不留给孩子。“子孙若如我，留钱做什么。”留给孩子，他不骄奢淫逸吗？留给孩子，他素质比较好，他就不想努力了。“贤而多财，则损其志”，他说我爸都赚好了，我还努力干什么，志气不就没了嘛。“愚而多财”，孩子素质比你差，你还留一堆钱给他，“益增其过”。他一有钱，安逸了，放纵了。不要以财货杀了自己的子孙。以前的人很冷静，他想得远。古代有一句话叫“富不过三代”，现在要修正一下，要客观观察，实事求是。请问大家，现在富不过几代？一代都过不了了，因为这些道理很多人都不知道了。

所以我们以孔子为榜样，“德比于上”。“欲比于下”，就知足了。而且说实在的，人真正尝到了道义之乐、读书之乐，世间任何欲望都比不上。不过要尝尝看才知道，这叫“如人饮水，冷暖自知”。

孔子讲，“饭疏食饮水”，吃粗茶淡饭，“曲肱而枕之”，“肱”就是肘到手腕这个地方。买不起枕头没关系，手臂折起来就可以睡觉了，“乐亦在其中矣”。“不义而富且贵，于我如浮云”，不符合道义的富贵，不去追求。

求就求得到吗？不求就得不到吗？

好，我们今天立这个志向了，知命才是君子，“不知命，无以为君子”。我们学习传统文化，目标是做世间君子，进而再提升，作贤作圣。没有坚定的目标，很容易悠悠放任，得过且过，时光就这样耗掉了。

那什么样才是契入君子的境界呢？首先要知命，知道这一生的使命：要对得起家庭，对得起国家、民族，也要对得起自己。一个人有没有把握提升自己的灵性，这个很重要。灵性不能一直堕落下去，那就对不起自己。所以一个人忠于自己，他就不欺骗自己，他就懂得成就自己。而一个人真正要成就自己的灵性提升，首先要懂得放下。心上装一大堆烦恼，装一大堆欲望，灵性会沉下去。

所以这一生要怎么经营呢？留留得长远的、留得下来的东西，带带得走的东西。请问大家，钱带不带得走？带不走。你身边的人，带不带得走？那就不要强求了。所有这些外在的东西，一样都带不走，结果我们一辈子都耗在追求这些东西，把自己的灵性一直往下拉，不划算啊！“三才者，天地人”，人这一生好好修养自己，可以与天地并列为三才，这是多么高尚的人格！结果反而愈来愈堕落，就很悲哀。所以要懂得放下，带不走的，不要苦苦追求了。

可能有些人听到这里，心里有点不安："那我不求，不就没了吗？"我很理解大家。不求，不是不努力，是努力了，但不苦苦贪求。请问大家，求就一定求得到吗？不一定。不求，就得不到吗？告诉大家，这两句话你想通了，你就开悟了。我们再重来一遍，大家想清楚：求就求得到吗？不求就得不到吗？

我举个例子给大家体会一下。我是一个很会紧张的人，看得出来吗？你们很善良，日行一善，生怕伤害我幼小的心灵，所以都给我信心，"嗯，看不出来"。我是初中、高中就很会紧张，为什么？"君子务本"，得把病根找到。病根叫得失心。一个人有得失心，且愈来愈重，他这一生不可能会有幸福。大家注意看，为什么有的演艺人员自杀？他比我们有钱，他比我们知名度高，最后为什么想不开？表面看起来很风光，可是他的心病得很严重，没人知道。

请问诸位老师，成绩好的学生有病，还是成绩不好的学生有病？那个成绩很好的，可能一次考不好，"我不想活啦"。所以，对待学生，对待一个人，得看他的心，不能只看表面。长得高，长得美，成绩不错，这样太浅啦。这一生幸不幸福，是心决定的。

我认识一个朋友，他是硕士生，以前统统是第一名、第二名。他念的是非常好的一所大学的研究所，精英都汇到这里来了。一考试，成绩二十几名、十几名，他一下受不了了。他说他那个时候在走廊上，因为心情很郁闷，都有往下跳的冲动。幸好他在那个状态下，想到父母跟爷爷奶奶，这一念起来，就没做傻事。这是他真正经历过的心境。

我那个时候特别会紧张，其实得失心再说深一点叫贪心，贪求的心，虚荣也在其中。我考大学以前，我姑姑知道我很会紧张，给我拿了两颗有镇静效果的药丸。她怕一颗不够，准备两颗。我姑姑可能读过《中庸》，“凡事豫则立”，预备好，还有备胎，两颗，不是一颗。

前一天晚上睡不着觉，十一点吃了一颗，翻来覆去，十二点多还没睡着，吃第二颗，结果一夜未眠。早上起来了，我很紧张，全家都紧张。一辆车坐得满满的去考试，我两个姐姐、爸爸妈妈，全家总动员。所以一个人容易紧张，患得患失，全家人统统被拉下水。还没进考场，遇到我同学的妈妈。我们全家都来了，浩浩荡荡，她很快就注意到了，然后对我说：“哎呀，礼旭，你真好命啊！两个妹妹陪你来考试。”你看，还没进考场，心情就很郁闷，两个姐姐都变妹妹了。大家注意，有句话很重要，叫“忧能使人老”。常常在那里患得患失、忧虑，铁定老。但是人有时候活得糊里糊涂，都不知道问题在哪儿。

那天还没进考场，就觉得好像运气很不好，一进考场就觉得好像有霉气。第一科就考语文。我才做几题，突然觉得药丸挺有效的，开始有点晕了。大家注意，没有福气的人就是这样，到关键时候就出状况。所以我大学联考语文不及格。我也观察到有很多同学，平常模拟考成绩都很好，每一次到正式考试就考不好。大家有没有遇到过这样的同学？你要告诉他，以后到关键时候，要斋戒沐浴，拜祖先，那几天最好吃素，还要积一些阴德，就不容易出状况。

每每关键时候我都出状况，因为心性偏了，得失心很重，嫉妒别人，幸灾乐祸。所以，我没有福气，脸都这么瘦，是吧？你看以前那些奸臣，我话都没讲，你们干吗笑呢？大家看忠臣都很有福相，奸臣多是尖嘴猴腮。为什么？大家已经开悟了，利人绝对利己，害人绝对害己。动一个坏念头，都还没有害到别人，先害到谁了？八十兆细胞，统统被自己的念头给毒害。大家有没有见过哪个奸臣长得跟弥勒佛一样的？很少吧？但是大家看我这个样子，也要给我鼓励一下。为什么呢？因为我十五年前做错事了，现在才长这个样子。我现在好好努力，积德行善，十五年之后，就能白白胖胖了。

处事有一个心态很重要：要厚道。看人要看后半段，浪子回头金不换。你相信人家可以变好，人家很受鼓舞。人家做了几件好事，你在旁边说："哎呀，你都不知道他以前多差。"这叫刻薄，叫折福。要时时给人肯定、给人希望、给人动力。

放下得失心，修平常心

刚刚跟大家讲到，要知命。要带带得走的，什么带得走？智慧带得走，灵性的提升带得走，所有做的善事带得走。请问大家，你有没有觉得，这辈子遇到很多人，一见面就跟他亲得不得了，才认识三天，像认识十年一样？那就是你以前的善缘，积多了，这一生种子发芽了，茁壮了。你有没有觉得，这一生好多人都跟你对着干，都找你麻烦？要怪谁？不能怪别人，他不去找其他人麻烦，干吗找你麻烦？宇宙间的任何事情，有果必有因，人真明白了，不怪任何人，所有的事情都跟自己有关。老祖宗把道理讲透了，一句话，给我们讲明白了，"行有不得，反求诸己"。反求于自己，问题还在我们自己身上。所以这一生广结善缘，这个是带得走的。

而留留得下来的。像孔子，离开我们两千五百多年了，但是精神长存，利益了他的家族两千五百多年，还利益了整个中华民族，这样的人生有意义啊！诸位朋友，请问当我们离开的时候，什么风范留在后代子孙的心中？儿子一想，我妈特别柔和，特别孝顺；我爸特别有道义，特别尽忠职守。儿子又把这种风范传给孙子，孙子又传给曾孙，代代相传。

所以范仲淹的后代，心中都有一句话："先天下之忧而忧，后天下之乐而乐"。后代的心境都是什么？把什么装在心里？天下、国家。这样的存心，会没福吗？假如我们把自私自利传给后代，可能传不了两三代。为什么？因为福田靠心耕。

这个福田，大分三项。"恩田"，懂得知恩报恩的人有福气。人一生，"百善孝为先"，孝的人一定有福；不孝的人，一定最折福，因为连做人的根都没有了。

再来，"敬田"，尊敬圣贤，尊敬长辈，尊敬所有的事物。负责事情，"受人之托，忠人之事"，很恭敬，甚至于对物品都很恭敬、很节俭。这样的人有福，"敬田"。

再来，慈悲为怀，很有仁慈心，量大福就大，"悲田"。孩子的人格里面，只要有孝道、有感恩心、有恭敬心、有慈悲心，他这辈子的福气，你不要担心。人不明理，就乱操心。请问大家，操心得好处没有？所以得把理搞清楚，理得心安。我们为什么常常忧虑、烦恼很多？因为没有把很多道理搞清楚。

刚刚举了我自己考大学的例子。有得失心的时候，本来有十分的实力，只能发挥多少？可能六七分而已。所以这个得失心，根本一点好处都没有。一个人能练到任何时候都是平常心，心平气和，这是他的修养、素质。紧张没有用，人不明理，往往心态错误，自己都不知道。豁达的人知道，该是我的就是我的，不是我的强求不来。

而一个人得失心很重，该是他的，他确实得到了，问题是他也紧张了老半天；不是他的，他又想要，这样的人生铁定痛苦。所以要让孩子、让学生得到人生幸福，得失心要放得下。诸位老师，要让孩子的得失心放下，首先谁要放下？对啊，我们自己有这个态度，就能把它传给孩子。

我记得我大学联考没考好，这么紧张哪里考得好，我哭得很伤心。今天大家出去，不要出卖我，不要出去说那个蔡礼旭很爱哭。我今天是“人逢知己千杯少”，什么事儿都跟大家讲了。那个时候紧张了，对事一点帮助都没有。我在那儿哭得很伤心，我爸爸进到我的房间，搞清楚状况：“哎哟，就考不好而已嘛，明年再考嘛，不要哭了。”我爸就出去了。我爸觉得没什么大惊小怪的，我就哭不出来了。假如继续哭，好像就是小题大做那种感觉了。父母没有得失心，一点一滴就把我的得失心给调伏了。所以父母有修养，孩子的福气呀！

后来很幸运，遇到传统文化，我心念转了。自私没有福，念念为人想才有福啊。“爱人者，人恒爱之；敬人者，人恒敬之。”从前运气很不好——说实在的，那不是运气，那是自己的心感召来的。祸福无门，惟人自召，这是《左传》给我们讲的道理——心念一转，命运就转。我本来语文都不及格，后来考师范学院、考正式老师，都靠语文拿分数。所以念头一转，命运跟世界就变了。命运掌握在自己的心念当中。

那个时候福气愈来愈好，怎么考怎么上，我那些同学去报名考试，说："跟礼旭同一个教室，可能比较容易考得上。"所以你学习传统文化变得有福气之后，人家会觉得，"嗯，要这样才会有福气"。

所以我们好好修身，要给老祖宗脸上贴金。不是去买片金片贴上去，那个是形式。我们真正照着圣人教诲去做了，家庭和乐，自己的命运愈来愈好，让人们相信，学习传统文化真的有大福报，人家有信心，这才是真正给圣贤人脸上贴金。

自觉，而后利他

我们了解到，知命是要成就自己，再延伸开来，我们这一生对家族有使命，要承先启后，而且我们要让家族得利益。

文天祥讲过，"人生自古谁无死，留取丹心照汗青"。"丹心"是我们的真心，"汗青"是史册，是历史。我们要照谁的历史？用真心照谁的历史？当然要照自己的历史，照父母的历史，照另一半的历史，照下一代的历史。留在父母心中的，就是"我生这个儿子，我生这个女儿，值了"，他们在梦中都会笑醒，"哎呀，这个孩子真好啊"。让另一半觉得，这一生做得最对的事，就是跟我们走上红地毯，结为连理枝，这是对方最欣慰的事情。让下一代觉得，做我们的子女是最大的福气，因为我们把正确的人生价值观，从小就种在他们的心田。等到读大学，一出去接触这么多同学，他就感受到，父母给我的家教是我人生最大的财富啊！这就是对自己的家族尽了使命。

我们也要对教育界尽我们的使命。教育界最重要的是师道，我们要振兴师道尊严，这是我们这一代要做的事情。《礼记·学记》告诉我们，“师严而后道尊”。人不尊重老师，怎么求学问呢？所以孩子不尊重老师，我们不只不跟他生气，我们很怜惜他，因为他这一生只要不深入这些经典，不明白做人的道理，只有沉沦的份儿，怎么可以跟他计较呢？替他紧张都来不及啦。得个“天地人”的人身，干出来的都不是人干的事情，多可怜！

所以不能跟人过不去。《礼记·学记》讲，“人不学，不知道”，没人教他。你说，他父母应该教他啊！这个孩子回去：“爸，妈，你怎么没教我？”爸爸妈妈说：“你爷爷奶奶也没教我。”爸爸妈妈带着孩子去找爷爷奶奶：“爷爷，奶奶，你怎么没有教我五伦八德？”爷爷奶奶说：“你曾祖父曾祖母也没教我。”好，往上追溯三代，然后到哪里去了？坟墓前面。那怎么办？所以现在这个世界的状况，谁也别怪谁啦，几代人忽略了老祖宗的智慧，统统都是受害的人，都是可怜的人。停止指责，从我们自己做起。

大家想一想，是家长比较明理，还是老师比较明理？我这个问题有这么难吗？诸位教育界的同仁，我知道你们都很谦虚，但毕竟深入教育这个领域这么多年了，教育孩子，我们一般都会比家长懂。

人与人都有缘分，亲朋好友，包括我们的学生和他的家庭，跟我们都有缘啊。人要知缘，人要惜缘啊。这个地球上几十亿人口，人与人能碰在一起，几率多少？几率高不高？很低。诸位朋友，现在坐在你旁边的人，你居然能遇上，这是你生命当中的奇迹出现了。

所有的生命有多少？你不能只算人，你今天走在路上遇到一只狗，它也跟你有缘。你把所有的生命加起来，那是个天文数字。两个生命居然遇在一起，还一起学中华文化，请问这个几率有多少？所以缘分难得。

怎么珍惜人生每一份难得的缘分？觉悟自己，觉悟他人。去帮助人，你给他吃的，你给他物质上的帮忙，都是短暂的，很难根本、长远地解决问题。对此，从事公益工作的人体会非常深刻。国家很多地方很穷困，他们帮了五年、十年，结果居然是那个救济最多的地方最不感恩，把他们的帮助视为理所当然。他们非常苦恼，去请教师长。老人家跟他们讲了一句话："他们连父母都不感恩，还感恩你啊？"所以人要明理，不然福来了，还把它折掉。"建国君民，教学为先"，教育是最根本、最重要的。

所以，真正有智慧了，才能改变自己的命运，才能利益身边的人；没有智慧，可能自己的思想还会造成下一代、身边人错误的认知。所以我们先觉悟了，才能去帮助他人。而现在我们对教育比较懂，我们有一份责任去启发家长。在整个教育的现状之下，老师是扭转乾坤最重要的关键点。

老师明理了，教育孩子，孩子变乖了，家长发现孩子懂得给他端茶倒水了。去了解情况，孩子怎么变了？老师教他孝道了，老师教他做人了。慢慢地家长会感谢老师的教导，就尊重老师了。所以，家长跟孩子的尊重不是我们要来的，是我们尽到老师的这份责任，自然赢得的尊重。

相同地，另一半的尊重，也是我们的德行跟尽本分赢得的。人生这些好的境界，都不是要得来的。自己做到了，赢得家人、赢得大众对我们的尊重，自自然然，水到渠成。

三、幸福的根本：传承孝道

五千年祖宗的德行跟智慧

《礼记·学记》讲："善歌者，使人继其声；善教者，使人继其志。"一个人很会唱歌，人家听他唱歌，就想跟着他唱；一个老师很善于教学、很能启发人、很能给人正确的思想观念，学生就希望效法他，一样去当老师。

我很多同学现在也都是老师，他们就常说到受小学老师影响很大，很佩服老师，所以从小的志向就是当老师。这些在教育界服务的老师，他们就做到了"善教者，使人继其志"，继承他们的志向。

我们上一讲谈到，知命才能做君子。对自己的家族，对教育界，以至于对自己的民族，我们都要体会到应该担起什么样的使命。

我那次看到一幅毛笔字，非常有感触。上一句写道："河川若断流，我辈何以对子孙？"自然环境再不改善，河川都不流了，后面子孙生存都有问题。我们看：现在的阳光，有臭氧层的问题；空气，污染愈来愈严重；水，又被污染，甚至缺水愈来愈严重。刚刚已经清楚了，所有的天灾，这些自然界的问题，根源都要回到人心。人心善了，这些问题都能改善。

所以，面对环境跟文化承传，我们要想到后代，不然几十年之后，我们的后代会说："上一代留给我们什么样的环境！留给我们什么样的文化！"到时候我们在天之灵常常会觉得耳朵很痒，不知道谁在骂我们。所以要当好的祖先，应该是恩泽、造福于后代才对，这样祖宗才没白做。

下一句写道："文化若失传，我辈何以见祖先？"这么悠久的文化到我们手上断了，辜负了五千年祖宗的苦心，往后子孙也得不到这样的瑰宝了。我们感受一下，祖先在天之灵多伤心啊！留这么好的智慧给我们，我们不用，我们不学。

我们小的时候写"中华文化源远流长，博大精深"，其实说实在的，很难体会个中道理。但是现在我们学了之后感受得到，孝道不传，德行不传，短短几十年，人们沉沦的速度真的太快了。而这个现象刚好出现在我们面前，孔子说见义勇为，我们有一份责任，要复兴中华文化。

刚刚大家唱了一首歌，唱得很好听。我很想接着唱一首歌，你们唱得这么好听，我得要回礼。刚好讲到面对这个大时代，我们都有一份承传文化的使命，所以跟大家分享一曲《中华民族颂》，我们共同感恩祖先，共同发愿，承传我们老祖宗的文化。

青海的草原，一眼看不完。喜马拉雅山，峰峰相连到天边。古圣和先贤，在这里建家园。风吹雨打中，耸立五千年。中华民族，中华民族，经得起考验。只要黄河长江的水不断，中华民族，中华民族，千秋万世，直到永远。

《易经》告诉我们，"二人同心，其利断金"，更何况我们现场有几百人，共同发起承传文化的这个使命，这份至诚，上达天听，老祖宗冥冥当中都会保佑我们，我们的祖先都是圣人啊！大家认祖归宗了没有？有没有回去查过族谱？

那次跟大家分享，胡、陈、虞、傅、田、姚这些姓都是大舜的后代。黑板上有您尊姓的请举手。我们掌声欢迎大舜的后代。我看大家都笑得很开心，拍手的人都笑得很开心，欢喜人家是圣人的后代，不得了，一点嫉妒都没有。“君子成人之美”，而且也没有自卑。有没有人一看，没有我的姓，很难过？不要难过，我帮大家调查过了，假如不是尧舜禹汤的后代，你一定是文武周公的后代。为什么？这又是人世间的一个真理，《易经》告诉我们，“积善之家，必有余庆”，积善就能有余庆，更何况我们的祖先是圣人。

所以，整个世界这么多民族，文化承传下来，只剩我们这个民族了，这不是偶然的。一来，是我们的祖上有德，庇荫我们。再来，是祖上有智慧，发明了文言文。他们很清楚，语言会一直变化。比方你离开故乡三十年，再回到故乡，语言就有小变化，一百年就有大变化，一千年呢？更大的变化。假如写文章跟讲话一样，一千年前的人写的文章，我们就看不懂，不知道意思了。所以，语跟文分开，写文章统统用文言文的方式。我们只要看得懂文言文，打开《论语》，谁来了？你们都没有这个经验吗？孔子就来了。我们要记住《孝经》的一句话，至诚如神，至诚感通。

孔子的学生当中，学得最好的是孟子，亚圣啊。请问大家，孟子学习的时候，孔子在不在？孔子已经离开了。为什么他学得最好？因为他至诚。人的至诚心超越时空，他没有直接接受孔子的教诲，只看他的书，就觉得孔子到面前来教他。所以一个人的学习能得力多少，不是经书决定，不是老师决定，什么决定的？自己诚敬的心，真诚恭敬。一分诚敬得一分利益，十分诚敬得十分利益。

祖先有这个智慧，能把语跟文分开，所以全世界只剩我们这个民族的文化还可以传下来。当初听到师长讲这段话，非常感动，也非常惭愧，因为我读文言文都觉得很痛苦，祖先这样的瑰宝，我居然糟蹋它，当下流下眼泪，赶紧好好地来领受祖先教诲。很奇妙，本来看《论语》头昏，流完眼泪，心地比较清澈，再看，很亲切。

诸位朋友，障碍不在外面，在哪里？不是风动，也不是幡动，是仁者的心动。当然，“仁者”两个字要跟大家解释一下。古代这些读书人对人很尊重，都称其为仁者。读书人真明理，相信每个人都可以成圣贤，相信每个人都有本善。他相信了，他对一切人没有怀疑，没有对立，只想着如何协助他，恢复他的明德、本善，所以叫“仁者无敌”，仁慈的人是没有敌人的。

福生于清俭

我们明白了，因为祖先智慧跟德行的庇荫，文化才能承传五千年，我们的家族都不断、都不衰。大家回去查一下族谱，你的祖上是圣人。不过，大家要更清楚一点，祖上的德行，你有责任把它承传下来。

假如是范公的后代，一定要传“先天下之忧而忧”；假如你是林则徐的后代，一定要传“苟利国家生死以，岂因祸福避趋之”，为了国家，杀身成仁、舍生取义都不怕，所以林公是民族英雄。林则徐的塑像还立在美国的一个广场上，因为他是世界戒毒第一人，那时候烧了很多鸦片，全世界以他为榜样。所以林则徐的后代不抽烟，因为不好意思。

还有一个姓氏，他的后代不贪污，哪一个姓氏？你们这么清楚，"铁面无私辨忠奸"——包青天。《八德故事》里面，包公对后代有明文规定，只要不守法律的，死后不能回到祖堂，没你这个后代，家教很严。所以当圣人的后代也不轻松，但是很幸运，从小就有这种好的家风、有好的榜样可以效法。

另外，还有一个姓氏不能贪污，杨姓。杨姓的堂号叫"四知堂"。他们汉朝的始祖叫杨震，提拔了一个读书人叫王密。有一天王密晚上拿了金子去送给杨震，杨大人说了："我是觉得你有点才识，才推荐你。我了解你有能力，你怎么这么不了解我，还拿东西来送我？"其实拿东西来，是对自己的侮辱。

当下王密讲："我刚刚来的路上一直在观察，没人看到，没关系，您收下吧。"杨大人讲："怎么没人知道？天知、地知、我知、子知，怎么会没人知道呢？"儒家的读书人"慎独"，没人在的时候，对自己要求更严格，"仰不愧于天，俯不怍于人"，上不欺天，下不欺地，内不欺己，外不欺人。杨大人后来在西北那个地方，号称"关西孔子"，学问非常好。他的后代有没有福？连续四代做到皇帝的老师，四代都做三公，位置都达到最高点，皇帝的老师！四世三公，这么有福报。

所以福报从哪里来？"福生于清俭"，清廉节俭有福报。有句话叫"禄尽人亡"，有很深的人生哲理。一个人的福禄花完了，寿命就差不多了。所以关键在哪里？节俭。比方说，一个人能活到七十岁，可是他特别节俭，到七十岁的时候，他的福还很多，就可以多活十年、二十年，延寿。

我的奶奶特别节俭，四十几岁身体就不好，但是活到八十六岁。我从小看奶奶这么节俭，有时候都会觉得：哎哟，活得这么辛苦干什么？一张卫生纸要分三次用。那个时候会觉得，太节俭了吧。但是大家留心，很微妙，虽然那时候没有马上去效法，但那个德风会落在你的心地，种子种下去了，改天因缘成熟，开始冒芽。

我踏入社会，发现钱真不好赚。我记得我第一个月的薪水，台币一万八千块。不多，相当于马来西亚的一千八。我知道钱难赚了，突然生起一个念头，这些钱，光我自己念大学可能都不够，更何况父母是照顾三个孩子，还要照顾爷爷奶奶，而且我们从小是跟叔叔、姑姑一起住，三代同堂。所以那个当下非常感动，父母在我们面前没皱过一次眉头，这一二十年的岁月，父母多少次咬紧牙关，都不希望增加孩子的压力。那时候还不懂事，看到好的玩具，坐在地上耍赖。我今天怎么全招了？一个人懂得忏悔好。父母疼爱我们，帮我们买了，薪水都不知道去了多少。

所以真的是养儿方知父母恩，自己真正踏入社会才知道经营家庭不容易，柴米油盐酱醋茶都要钱。所以我工作之后就特别省，不舍得花钱。有一天，我妈看着我们三个孩子说："你们三个也实在太省了，我们已经很省了，你们更省。"我们姐弟笑着对母亲讲："因为我们家的掌门人是奶奶，我们是效法她。"

从自己的体会，再到历史上的记载。有两个读书人，他们是同年同月同日同时生的，又同一年考上功名，分发任用，一个分到黄州去教书，一个分到鄂州去教书。两个人交情不错，觉得命运差不多，所以互相约定，发生了什么事互相通告一下，比方说他遇到灾难了，可能我也快了，两个人有这个默契。

后来这个黄州的读书人去世了，鄂州的知道了，赶紧来帮他办丧事。他也很感伤，在灵前说："哎呀，你都走了，可能我也快了。假如你天上有知，赶紧跟我打一下招呼，我还有多少日子可以活，是不是也快了？"他很诚心，当天晚上就梦到这个朋友。朋友说："仁兄，我是因为从小在富贵的家庭，花钱花习惯，享福享久了，我的福已经享完了，禄尽人亡；你从小就困苦，都没享什么福，所以你的命还很长。"后来这个读书人果然命比较长，而且官也做到郡守。所以清俭才有福，才能长寿。

为什么要有五伦的教育?

而现在这个世间，有些父母不懂得这个道理，从小孩子要什么就给他什么，他高兴就好。这个值得商榷，这就是享乐的人生观。大家有没有发现，现在大学生一考完试，干什么？有没有人说，"啊，考完了，来，念《论语》"？没有吧？考完了，"啊！"大叫，学弟学妹还在读书，他管都不管，只有自我。当天去庆祝，花个几百块，又去买衣服，几千块，他有没有想到花的都是父母的血汗钱？人不教不行。这样的人生觉得享乐是目标。所以有一个说法，小时候叫天堂；成人了，进入社会赚钱，叫战场，商场如战场；晚年到养老院去，坐吃等死，叫坟墓——就是这个逻辑。

大家注意去看，有些人觉得西方的制度很好，其实，制度在其次，人心才是关键。你说西方的制度很好，西方的父子关系是什么？是法律关系啊！养儿子养到多少岁，“好啦，我已经尽了我的义务，你赶快出去”。那是天性，居然用到法律。孩子长大了，走了，没住在一起，请问孩子有没有觉得他有责任照顾妈妈、照顾爸爸？甚至于这个关系变成什么？“哎，你养我，应该的；你不养我，你犯法。”怎么办？法律解决问题，是解决症状啊。症状压住了，病根没除，会愈来愈严重。

现在有儿童保护法，父母不能碰孩子。在外国处罚孩子，五分钟之后，警车来了，“邻居说你打孩子，触犯法律，那到警察局去一趟”。法律，那是真的找不到问题根源才用的方法。你说不能处罚孩子，孩子看着父母：“你不要碰我，你碰我，我告你哦。”到学校去：“老师，你别碰我，你碰我，我告你哦。”法律解决问题吗？教育才解决问题。懂得孝敬父母、尊重老师了，这些问题不就解决了嘛。

所以，我们这一代为什么吃这么多苦？丧失民族自信心。法宝不要了，照搬西方的价值观，呈现出五千年来没有出现的现象。比方说，孩子孝顺父母叫孝道，现在呢？父母孝敬孩子。还得比赛，给他多少钱，给他多少照顾。颠倒啦！哪里颠倒了？处处都颠倒。小时候，我去叫爷爷奶奶吃饭，现在呢？爷爷奶奶叫孙子吃饭。以前是我请爷爷奶奶吃饭，现在是爷爷奶奶请孙子吃饭。还不好请，请不动，“你赶紧回来，我带你去吃麦当劳，听话啦”。还得拿这些物质去哄孩子，倒过来了。

以前听到长辈的声音，赶紧走到面前：“叔叔好，阿姨好。”现在叔叔阿姨走进来，小朋友坐在那里看电视，如如不动。很可能只有“嗯”“呵呵呵”，转个九十度笑一下，没有站起来。差这么多，才一代啊，不传不行啊！

有个朋友讲，他还对你笑，不错啦。大家听，有没有道理？听起来有道理，事实上根本没道理。真的，大家要冷静，假如我们觉得这样已经不错了，上一代要给长辈鞠躬，这一代只转个头，请问大家，三十年后呢？人要有前后眼，要看得到未来，反省得到过去。三十年后，叔叔阿姨得走到小朋友面前：“小朋友好，你要不要喝杯水？”到那个时候，人都不像人了。

为什么我们有道德的教育，有五伦的教育？因为在四五千年前，尧帝、舜帝看得很远。看到老百姓“饱食”，吃饱了，“暖衣”，穿暖了，“逸居而无教”，这样安逸，而没有做人的教育，“则近于禽兽”。请问大家，现在的孩子不懂做人，有没有“近于禽兽”？告诉大家，近于禽兽算不错了。很多动物还会回报父母的恩，乌鸦反哺，羔羊跪乳。可是我们的孩子不懂，纵欲，把父母的付出视为理所当然，欲望不断滋长。

曾有一个真实的故事，一个女孩子崇拜某个明星，一定要去见他，去听他的演唱会。家里没钱，让她爸干什么？卖掉一颗肾脏，筹钱去见。你说说，做子女的到这种程度。大家要注意，这些年轻人在演唱会前一天拿着棉被去排队买票，那一张票，父母的薪水去一半都有可能，他一点都不心疼。我们是不是该教这些孩子，什么时候排队去买母亲父亲喜欢吃的东西？

怪不得这些孩子啊，父母、老师有没有教他们孝道？所以我们得从根本才能解决问题。我们的价值观错了，我们没有引导孩子人生就是要尽孝，就是要有责任感，就是要利益家庭、利益社会、利益国家。

一个人从小有责任心，你不用操心。而你从小让他是享乐的人生态度，像在天堂，一进入社会，享受习惯了，止不住欲望。所以很多西方人一辈子都是负债。我们是无债一身轻，忙完工作了，晚上坐着凉椅摇啊摇，看着十六的月亮，吃着花生米，很惬意。你们昨天看月亮了吧？挺亮的。

请问大家，你在好莱坞电影当中，有没有看到哪个人坐着凉椅，看着月亮，“千里共婵娟”，喝杯小酒？往往就是商场如战场，中午连饭都没吃，咬着一个三明治就忙起来了。为什么这么忙？因为还没赚钱就花钱了，每个月贷款要还，不然就信用破产。请问他压力大不大？大啊，“我这个工作不能没有，只能别人没有，我不能没有”，他就竞争了嘛。那个竞争就很激烈，钩心斗角统统都出来了。

我们看那些好莱坞电影，思想观念都受影响。我以前看太多了，就觉得什么是成功？有个大房子，有个豪华的车子，旁边还站一个身材很好的美女。就这样错误的价值观，耗费了多少时光。幸好迷途知返，悬崖勒马，赶紧拉回来，不然继续这样下去，连命都没了。跟大家讲，这是真的不是假的，这样继续追求、纵欲下去，我没有那么多福气了。

我是二十九岁在高速公路开车，都开到睡着。可能那个时候，命差不多了，时间差不多了。可能冥冥当中祖先保佑，觉得这个孩子还有这么一点点善心，当我这个车子要压到其他车道的时候，就让我醒过来了。高速公路的那个灯，你一照，它就发亮，你压到它会有一点感觉。当我再把车拉回来，恍若隔世。假如那时候没醒过来，就 say goodbye（说再见）了。所以，人真正发一种愿心，多少祖先在保佑你，你都不知道。人明白这些道理，会常怀一颗感恩的心。

我们的下一代，假如继续追求纵欲的人生，天堂再往后就是战场，不赚钱不行，要还钱。我们注意看，现在的大学生还没赚钱，请问他有几张信用卡？我们五千年来，有没有一张叫信用卡的？现在的人有一个错误的想法，觉得创新就是好。告诉大家，创新有一个前提：所有的创新，要跟仁义礼智信相应，这种创新才有意义。假如不相应，那是带给人类灾难啊！

请问大家，游戏软件买的最多的是哪一种？杀人游戏。它有没有创意？真有创意，就像身历其境，人玩了，陷进去，拉都拉不出来。那个聪明，没有遵循做人的道理。所以现在很多孩子七八岁这么小的年龄，都做出伤害人的行为，而且一点都不觉得不对。因为他一直在玩杀人的游戏，在那个虚拟世界中，慢慢地觉得变正常了。所以我们引导孩子创新，从爱心、从善心流露出来的创意才有价值。现在似是而非的说法太多了，我们自己得想清楚。

信用卡，西方来的，一个大学生还没赚钱，信用卡有三五张，请问大家，他有没有信用？信用是什么？量入为出，人才有信用啊！假如还没赚钱就有三五张，请问他花谁的？他是花他爸爸妈妈的信用！

现在这个时代，有很多新的贵族出现了。有一个贵族叫“月光族”，每个月都花光光，花到最后没钱了，还要回去撒娇：“爸，我没钱了啦。”爸爸很生气：“我跟你讲了多少次，你就是不听我的话，你要气死我啊！要多少？”这种状况叫“早知今日，何必当初”。所以我们跟大家交流“幸福在一念之间”，这一念的转变不只是关乎自己，还决定了后代子孙能不能幸福。

还有一个贵族叫“啃老族”，现在“啃老族”愈来愈多，啃父母的退休金；还有“白领一族”，白白领父母的退休金，都不出去工作。不懂道理，做出来的事没犯法，可是会把父母活活气死。

回到我们刚刚讲的。人在成年之后，职场如战场，为了赚钱，根本顾不了去孝父母、去养育子女。子女失教，他就不懂道理，不懂孝顺，你到了晚年，只能到养老院去。养老院一住几百个人，服务人员那么少，国家开销又大，也不可能分配太多工作人员，所以记不了几百个老人的名字，最后记床号。“一百二十一号，出来吃药；两百五十一号，出来吃饭”，为了家庭、为了社会奉献一生，最后是这样。住在养老院里面，每天听到的是什么？“刘老昨天走了”“谁又走了”，听了有没有恐惧？有啊。人老的时候最渴望天伦之乐。

而我们要了解，人世间有一个不变的道理，叫“种瓜得瓜，种豆得豆”。今天我们不孝顺老人，宇宙很公平，我们会不会老？会。请问会不会有人孝敬我们？我们不敬老人，我们老了就没人孝敬。所以，我们的晚年会怎么样，看我们现在做的事就知道了，看我们现在播什么种，不会偏差的。

所以老年假如是到养老院去，那很悲哀，在这人世间最后是入坟墓去了。我们曾经看到美国一个报道，有个老太太写了遗嘱，说她死后，要把骨灰倒在家对面那个超级市场的屋顶。当然，老板不肯。为什么？她有四个孩子，常常到超级市场买东西，老太太从窗户看到自己孩子的身影，但他们就是不愿意走进她的家——你看那种折磨，真的很悲惨——她思念孩子，所以她死前就写遗嘱，希望死后还能亲近自己的孩子。

这是美国人的故事，他们老了，还是很需要天伦。告诉大家，外国人看到孝子，羡慕啊！外国人看到我们兄弟朋友之间那种情义，他很想跟你交朋友。我的姐姐到美国去留学，因为我们还是很讲义气，帮朋友都帮到底，所以其他国家的同学就问她，你怎么对朋友这么好？

所以不管哪个肤色，哪个种族，他们对真理都是很敏感的。现在整个价值观偏向功利太严重，全世界几乎无一幸免，所以这个时代是必须扭转乾坤的时代。谁来转？我们刚刚一起发愿了，你们就忘了吗？我刚刚说“二人同心，其利断金”，更何况我们有几百人。你们放下的功夫，要用在该放下的地方，该提起的还是要提起。责任要提起来，欲望要放下。

四岁孩子的胸怀

20世纪70年代有一个英国学者汤恩比，他是世界公认的历史哲学家，他分析了全世界很多优秀民族的文化。他说，解决21世纪的社会问题，要靠孔孟学说跟大乘佛法。这是英国人，他这句话讲完，震撼了天主教，深入去了解，觉得中华文化很重要，所以允许祭祀祖先，本来不可以。可见汤恩比先生的学说很有影响力。

这句话大家听过没有？有啦，没听过的刚刚不是也听我讲过了嘛。诸位朋友，人要活在当下，不要活在以前。我们好多时光都耗在哪儿？懊恼过去，担心未来，魂都没有回到现在，叫魂不守舍。担心很多，亲朋好友跟我们讲话，讲半天，我们不知道飘到哪里去了，朋友说："哎，你还在吗？"人能时时活在当下，活得明白，一言一行、一举一动都很清楚，都是善心，就播下了善种。一个人的未来如何，看他现在就知道，"欲知将来结果，只问现在功夫"。

好，大家都听过这句话，那我们是用脑子听了，还是用心听了？用脑子听了，就只会把它念出来，这句话我知道，下一句我来接。请问这句话有没有让我们的生命发酵，产生启发？"读书贵在变化气质"，要心变，要有质变。

这句话我们用心去体会体会，告诉我们什么？解决这个社会的问题要靠孔孟学说跟大乘佛法。所以能救这个世界的，是懂孔孟学说跟大乘佛法的人，是吧？这个逻辑不复杂吧？

那请问孔孟学说谁懂？儒道释的教诲，谁懂？我们懂啊。我们中国人懂，又知道这个方法可以救世界，然而不救，请问这叫什么？叫见死不救。我们懂的东西可以救世界，假如不救，良心不安。所以今天听完这些话，你没有后路可以走了。没有后路走，好不好？人为什么德行成就不了？常常遇到境界，逃避，退缩，因循苟且。破釜沉舟，"我只往前不往后"，德行可以成就，这一生价值可以创造。

告诉大家，现在全世界都愿意学中文。现在中国经济发展，他们想赚些钱，有些发展，通过这个机会，把中华文化介绍给他们，全世界不就懂了嘛。请问大家，现在全球懂中华文化，又会讲英文的，是哪个地方的华人？（答：马来西亚。）你们要有救世界的胸怀哦，而且你们这样的胸怀教出来的孩子，以后都是民族复兴的栋梁。孟子留给我们一句话，“当今之世，舍我其谁”。大家这个念起来，养浩然之气。

马来西亚有一位长者——沈慕羽老先生，是养浩然之气的好榜样。我非常幸运，拜见过老人几次，看到他的书法：“养天地正气，法古今完人。”他的父亲给他取名字叫慕羽，仰慕关羽，关羽是义薄云天。确实这个名字，真正给了孩子一种人格，从小就讲义气，对民族有使命。被关到监狱里，这些人要说服他，希望他退让、妥协，他为了民族文化，屹立不摇。他反问这些官员：“假如现在叫你放弃马来文化，你愿意吗？”官员一听也很感动，最后，虽然他在监狱里面，也把他奉为上宾。这种民族大义，连不同的民族都被他感动。

沈老说过：“我们从事教育，是最没有钱途的行业，但是这个行业最重要。”文化一断层，下一代就完了。虽然不能赚很多钱，但是这个承传文化的大任，我们能够扛起来。沈老做了七十年的校长，有很多封给他的爵位，人家以他的爵位来称呼他，他说：“不要，你叫我校长。”他喜欢教育这份事业。老人那时候九十几岁，我们一去，他高兴，唱了好几首抗日时的爱国歌曲，亲自弹给我们唱。老人的行谊深深印在我们心上，我们要承传民族文化。

所以有受传统文化教育的，从小都是为家庭、为社会的存心，从小就积福。那种思维不是很妥当，说人活到二十岁才能奉献社会；六十岁退休了，就不怎么能奉献社会。有没有道理？大家有没有看过这种生涯规划？有这种说法？请问大家，二十岁以前不能，六十岁以后不能，是把人当什么？告诉大家，是当机器。用坏了，就不能用了。而事实上，你看历代对整个国家贡献最多的都是哪些人？胡须很长的人。皇帝不能决定的事，赶紧把这些老人找过来，他有智慧，他有人生的经验。现在叫国策顾问，以前叫国老。

国家是这样，整个家族是不是这样？大家看很多影视剧，什么《乔家大院》，商业界能承传好几代的，请问那些大家族最重要的人是谁？都是家族最老、最有智慧的那个人。往往在晚辈撞得满头包的时候，给他两句话，就利益他一生。所以，人应该是愈活愈有智慧，愈有人生历练，愈有价值才对啊。

而且，一个小朋友从小就学《弟子规》，他就能感动身边的小朋友，他就能感动身边的大人，怎么会没福呢？有一个小孩，才学《弟子规》没多久。那天妈妈买了两颗梨，这个四岁的孩子盯着两颗梨，盯了老半天都不吃，皱着眉头。妈妈就觉得很奇怪："你怎么了？不想吃？"这个孩子说："孔融要让梨，所以大的要让给长辈，让给妈妈；可是蔡顺拾桑葚又把甜的留给妈妈。这两颗梨，大的比较酸，小的比较甜，所以我不知道是要让大的还是让小的。"

大家看，孩子烦恼的不是自己不能获得，都在为父母想，都在想着我有没有照着圣人的教导去做，胸怀就不一样。

很多时候孩子学了，我们父母生惭愧心。有个孩子学了，他就觉得他应该孝顺。四岁！告诉大家，有受传统文化教诲的孩子，四五岁，背着两岁的弟弟妹妹帮忙煮饭，有没有？有啊，我妈妈那个年代就有。我妈妈还跟我讲，她那么小就背着弟弟，照顾他。结果有一次不小心，弟弟掉到山沟里面去了，她吓得半死。从小整个能力都被激发出来。孩子不是不能教，是我们有没有教他。

这个孩子是跟奶奶一起住，一起睡觉，学了以后他就很坚持："奶奶，我帮你盖被，我看着你睡着我才睡。"奶奶看他很天真，被他看着也睡不着，"好，好，你这个孝心，奶奶知道。"叫他也躺下来睡觉。孩子躺下以前，还仔仔细细把棉被拉起来，按一按。"冬则温，夏则凊"，老师教得仔细，孩子就做得很彻底。孩子的心很清澈，你教什么，他像摄像机一样就拍下来了。

这个孩子的动作，那种认真，触动了奶奶。奶奶想到自己这一生，从没有这样帮她母亲盖过被子，翻过身去流眼泪。小孩的善心教育了成人，那种天真把我们的本善都唤醒。这样的孩子，都在利益他的家庭跟他接触到的人。

还有一个孩子，在公共场合遇到一位老奶奶。《弟子规》说，"事诸父，如事父；事诸兄，如事兄"，事诸奶奶，如诸奶奶，要举一反三。公共场合有水喝，小朋友就端了一杯水，冲着那位不认识的奶奶，单膝跪下去："奶奶喝水。"因为奶奶是坐着的。他妈妈觉得有点夸张，就在那里笑。当下他对妈妈讲："妈妈，老师是这么教的，别人的奶奶也是自己的奶奶。"你看，这个奶奶跟他素不相识，感不感动？可能回去就赶快去书店买《弟子规》，赶快教她的孙子，是吧？

大家看，《弟子规》里面"冬则温，夏则凊"，黄香九岁；"亲所好，力为具"，蔡顺拿桑葚给他母亲吃，也不到十岁；陆绩怀橘，母亲最喜欢吃橘子，他给母亲留着，六岁。这些留名青史的孩子，怎么没给世界积福气？黄香九岁温席，皇帝把他的孝行诏告天下，赐给他八个字："江夏黄香，举世无双"。那天我到马六甲去，是黄氏宗亲办课程。黄香的后代共聚一堂，全部穿黄色的衣服，一起办《弟子规》的课程。衣服上面写着"孝亲尊师"，这是传统文化的大根大本。你看祖先的德行庇荫后代，积福。

孩子有这种心境，等到十几岁有能力了，时时造福于社会。对社会、对家族有贡献，老年哪有不享福的道理？所有的晚辈都接受他调教，是长辈，也是老师，晚辈哪有不孝敬的道理？所以这整个价值观，都需要我们很冷静地去思考。

讲的是教育，为什么叫《学记》？

《礼记·学记》强调"人不学，不知道"。我们从事教育，"君子务本"，什么是教育的根本？怎样才能彰显师道？这个时代，不是孩子要先学，不是学生要先学，不是下属要先学，谁要先学？父母要先学，老师要先学，领导要先学。

这篇文章叫《学记》，教学为什么叫《学记》？因为一个从事教育的人，首先他自己一定要学得好。他是一个好学生，才能是一个好老师；他是一个好儿子，才能是一个好父亲，不然怎么把孝道教给孩子？他是一个好下属，才能是一个好主管。现在都是一下子MBA读完了就要当主管，他连如何当一个臣子都不知道，如何带领下属尽忠职守？

我们现在好高骛远，本不见了。本不见了，我们自己还不知道问题出在哪里。师者，"传道授业解惑也"，我们清楚要传什么道了吗？我们清楚要解什么惑了吗？现在得抑郁症的人愈来愈多，确实人生很多想不开、迷惑。

那我们自己的人生没有迷惑了吗？都想通了吗？都搞清楚了吗？我们今天到底希望孩子拥有什么样的人格、人生态度？我们希不希望孩子孝顺父母、友爱兄弟姐妹？我们希不希望孩子面对任何困难，勇往直前，百折不挠？我们希望我们的孩子有爱心；我们希望我们的孩子有度量、谦虚，能接受别人的批评，“闻誉恐，闻过欣，直谅士，渐相亲”；我们希望我们的孩子“入则孝”“出则弟”“勿畏难”，不怕困难。我们希望孩子具备的德行，自己具备了没有？假如具备了，事实上我们在不知不觉当中，就把这样的人生态度传给孩子了。这些道理，我们冷静下来思考就能体会。

身教，才是教育的本

请问大家，父母什么时候教我们了？爸爸教我们，是不是说，“来，今天爸爸给你们上一堂《弟子规》”？是不是这样上的？有时候爸爸话很少，很有威严，他的威严从哪里来？从他对父母、对爷爷奶奶的孝顺，从他那种做事认真的好习惯。孩子看到了，则对父亲肃然起敬。

真的，回想二三十年前，父母没有刻意给我们讲过道理，可是我们却深受父母人生态度的影响。所以教育什么时候产生？潜移默化，随时随地。身教，才是教育的本。有句话讲，“身教者从，言教者讼”。这句话不只用在家庭，还可以用在师生关系，用在君臣关系，都是同样的道理。老祖宗留的文化，都是放诸四海皆准，小到家庭，大到治天下。身教，把晚辈的善心唤醒，他会效法、遵从。

只讲不做，这个“讼”就是心里不服，反驳，争吵。比方要孩子孝顺，孩子说：“你对爷爷奶奶这么不好，还叫我孝顺？”“讼”，很细微。

有个父亲打电话回家，希望女儿来接电话，出差嘛，想跟女儿讲几句话。结果太太接的，太太叫女儿老半天，不肯来。他很失望，太太接着说：“妈在旁边，想跟你说话。”“哎呀，没什么好说的啦。”挂了。当他挂完电话，突然冷静下来思考：“女儿不接我的电话，跟谁学的？跟我学的。你看，我不接我妈的电话。”无形当中都在影响。所以教育没有侥幸，随时随地都在发生，尤其是自己不注意的时候，孩子看得特别清楚。

有一个年轻人，二十几岁，讲到小时候家里很穷，十个人，只有九颗鸡蛋，妈妈把九颗鸡蛋统统分下去了，自己碗里没有。爸爸很不忍心，把鸡蛋夹给自己的太太：“哎呀，你持家太不容易了，来，这个给你补一补。”太太马上夹回去：“你在外面工作最辛苦，你需要营养。”夫妻两个就这样夹来夹去，最后蛋掉地上了。这个年轻人讲到这里，眼泪在眼眶打转。夫妻的恩爱，深深印在儿子的心中。请问，难道是孩子要结婚以前，三天三夜不睡觉来教他吗？无时无刻不在教他做人啊！

所以，父母对于孩子，好的影响随时都会产生，不好的影响也随时都会产生。

有个妈妈跟先生通完电话，儿子马上说：“妈妈，刚刚是爸爸打的。”这个妈妈很惊讶，怎么儿子能知道？因为听妈妈讲话的语气，就知道对方是爸爸。小孩很敏感，妈妈跟朋友讲话都是眉飞色舞，

“改天我们一起喝咖啡”；跟爸爸讲话，那个语调就不一样，“好了啦，不跟你讲了，烦死了”，啪，挂掉了。所以孩子一听就知道是爸爸。

这个妈妈才体会到，教育是无时无刻。所以当天先生又打来了，她一看号码，调整一下心情，电话接起来：“喂！”先生说：“对不起，我打错了。”（鼓掌）该鼓掌的时候鼓掌。十几秒钟后，先生又打来了，确定是她，在电话那头讲了一句话：“真的是你吗？”这句话大家听不太懂，我把它翻译一下：我的太平日子真的到了吗？

走向婚姻，是要成就彼此完美的人生。有没有哪个人要结婚了，“好啊，终于让我等到这一天了，我非搞得他家鸡犬不宁不可”？没人是这样走入婚姻的，都是为了成就对方的人生。这颗心要终生保持。有这样的心，什么小摩擦、小矛盾，自然就化掉了。

我们当老师也是如此。我们讲得很多，孩子很敏感，你讲什么他都会记住。当我们做的跟讲的不一样，孩子马上会说：“老师，你上次不是说怎么样怎么样吗？那当下我们应该怎么样？”“小孩子不懂，闭嘴！”那麻烦了，你以后讲任何道理，孩子听不下去。

我自己的经验，人非圣贤，我们也在学习，还差很多。有时候做错事，习气太重，马上就找借口。结果很微妙，我在那里“掩饰”的时候，学生愈听眼睛愈无神，愈听不下去。我突然觉得不行，马上一转：“啊，老师错了，对不起！”当我把头抬起来，学生的眼睛发亮，他觉得老师做的跟说的一样，佩服的心就上来了。孩子佩服你，你说什么他信。你又爱护他，他觉得不能让爱我的老师失望。这个爱就成为他源源不绝向上的动力。

我曾经带过一个学生，成绩不怎么好，可是我很用心地照顾他、帮助他。有一天他走到我面前，深深鞠躬："参见老师。"把我吓一跳。那个时候不能笑，因为孩子很认真。我把他扶起来："嗯，拜师可是很严肃的事情，你考虑清楚再说。"那孩子很配合，眼睛转了一下，又鞠躬："参见老师。"这个孩子我带了一年，那次以后，他考自然科，成绩没有到九十分以下。第一次考不及格啊，后来每一次都有九十几分。

我们从这里了解到，孝心，对老师的恭敬心，伴随孩子一生，是他努力的动力。所以我们要从根本下手，"务本"，孝是根本。

教孝道，孩子才能百善皆开

我父亲那一辈的人，读书的过程都是自己主动。我三叔读到博士，常给我们讲小时候的故事，说爷爷来下睡觉的命令："统统睡觉，不要再读了，太晚了。"五个长辈很听话，统统躺下去。等爷爷回去，确定爷爷睡着，又起来读书，不要人家催。我爷爷常常被那个地方的人笑，闽南话叫憨牛，傻的牛。所以我们这一代都是大学毕业，硕士、博士出了几个。爷爷以前被人家笑，我们享福了。

所以，这一代整个上来了，要感谢父母那一代孝道的承传。不只读书不用父母担心，工作跟家庭也没让父母操过心，这是我亲眼看到的，我的爷爷奶奶从没为我父亲跟我们的家庭操过心。责任感成为他一生学习跟经营事业、家庭源源不绝的动力。

所以我们要找到孩子努力的根本动力，而不是看这一次逼出好成绩，这太短了。请问，他这一次好，下一次会不会好？有的父母还拿钱，考一百分给你多少。用钱可以撑多久？要从他的内心啊。

现在的孩子，你用钱、用力把他推向大学了，问题解决没有？现在大学生不读书的很多，大学叫university，“由你玩四年”，大学变成堕落的地方。请问大家，你有把握孩子在大学不堕落吗？你有把握孩子在社会不堕落吗？你有把握孩子成家后一定会夫妻和谐，会教育好他的下一代吗？假如这些问题我们想得不够深远，只盯他这一次的考试分数，那我们自己跟孩子不可能经营幸福美满的人生。

现在多少孩子一考上大学就挥霍；读完大学，不找工作，没责任感，还得要父母通过关系帮他找，求他去上班。“好，给你面子”，去了。一个礼拜回来说：“我把老板解雇了。”他没责任感，他不懂得怎么做人。等到他结婚了，问题解决没有？更严重。生了孩子，“妈，给你”。做事业，又不懂得分析，又不懂得从修身做起，生意一垮，老人家七十几岁拄着拐杖上法院，儿子用他的名字啊。

不从孝入手，不从责任下手，孩子你要操一辈子心，连眼睛要闭上的那一刻，还在操心啊！所以我们的老祖宗高瞻远瞩，深谋远虑。教孝道，才能让孩子百善皆开。

好，这次课程就跟大家先交流到这里。祝福大家身体健康、家道兴旺、世代不衰。谢谢大家！

传统文化领航人生

一、朝闻道，夕死可矣

读书不是为了分数

刚刚我们吴同学说我早上去录音挺辛苦的，大家看得出来我有辛苦的感觉吗？所以确实，辛不辛苦是自己的心决定的，我们以一颗欢喜的心来生活、工作，每天都会觉得很快乐。人生最快乐的事，是读自己喜欢读的书，做自己喜欢做的事情。当然读的书一定要是真理，一定要是那种读了以后可以像夫子说的“朝闻道，夕死可矣”的书。不是读了以后会得抑郁症，不是那种书。是真正符合真理，是真正能解决人生的迷惑。人生的迷惑解了，心中没有忧虑、没有牵挂，就能“日日是好日，时时是好时”。

我还没有接触传统文化以前，人生确实也是很多烦恼。我记得大一的时候，跟一个女校的女生联谊，因为我们是读工科的，女同学特别少。我们相约出去唱 KTV，我就问她：“你看我是哪一年生的？”人生最可悲的就是自取其辱，还自己去问。她考虑很久说：“你是不是 67 年的？”我是 1973 年生的，她猜我 1967 年。我皱着眉头跟她讲："你再猜猜看！"她又很严肃地想了一下，说："我会不会猜得太年轻了？"

还没读圣贤书以前，常常忧虑，常常牵挂，所谓"忧能使人老"，所以看起来很老。诸位假如不相信，我去调大学的照片给大家看，我现在比那时候年轻多了，所谓"相由心生"。为什么会忧虑？有求皆苦，无欲则刚，求就有求不到的痛苦。为什么会有这个求的态度？因为从初中开始，念书就有一个目标：考高中。考上高中，目标是什么？考大学。所以就是为了分数在那里琢磨、计较。这样的生活会把人的心性搞成什么样子？假如我小学的时候能够遇到像赵校长这样的校长，我现在就不会只是这样而已。假如小时候就能读到《大学》，就能了解"上老老而民兴孝，上长长而民兴弟"，就有那种"明明德，亲民"，以至于"止于至善"的心量，那会以天下为家，不会为了分数在那里考量。

学觉悟，建立理智的人生观

但人生总在遇缘不同，一个好的缘能够成就人一生的德行，成就人一生的事业。不好的缘，把我们的思想观念搞偏颇了，也可能误了我们一生。所以，我们要有判断力，对于很多知识、信息要懂得是还是非、正还是邪。而这个判断力取决于什么？这不是生而知之，不是生来就有的，一定要通过学习。孔老夫子告诉我们，"好学近乎知"，你不好学不行！这个"学"是觉悟的意思，学是要学觉悟，不是学一大堆知识，结果用不出来。学一大堆知识，变得贡高我慢，那是书读到肩膀上去了，没读对地方。

建立理智，才有判断能力。比方说，现在整个社会认为，一定要学会竞争。诸位朋友，这个观念对不对？当我们觉得对，它就已经在影响你的人生。因为思想决定我们的行为，行为决定我们的习惯，习惯就形成我们的性格。当我们的性格里面时时都有竞争，可不可能有幸福的人生？性格决定我们的命运！看一个人的人生，就看他的思想；看一个家庭的命脉，家风能否承传，就看这家人的脑子里放什么东西；再来，看一个民族能不能长治不衰，能不能源远流长，就看这个民族的思想。任何结果都不是偶然，所谓有果必有因，要洞察机先。

说实在的，很多社会状况，我们没有身历其境，很难感受；可问题是你感受不到的事，不代表跟你没关系。这些孩子再过三十年，是社会的中坚，那时候我们已经多少岁了？五十多岁。假如这群孩子没有仁慈之心，处处就想着竞争，想着每天有没有好吃的、好穿的，当他要做出重要决策了，他会说这群老头子就放一边！到时候社会福利从哪里来？整个社会、国家是一个生命共同体，息息相关，所谓牵一发，动全身。

会学的人学存心

我们是大学生，代表中国的未来，我们有带头的作用。假如我们所表现出来的都是自私自利，那整个社会会成什么样的态势？“你看连高知阶层都这样急功近利，我们这么做也是应该的。”了解到自己的使命在移风易俗，这才是读书人的态度。我们常常说我是知识分子，什么叫知识分子？学历高叫知识分子吗？每个称谓都含有一种责任。父亲这个称谓，含有应该把我的孩子教好。孩子教好，可不是只为了自己家，还要给社会、给整个宗族，甚至民族做个交代；可不能辱没了列祖列宗。父母这个称谓，含有责任。总经理这个称谓，含有对几十个，甚至几百个家庭的责任。

中国几千年来，为什么知识分子这么受到尊重？而现在这个时代，有没有以前那样的礼遇？为什么没有？这不能怪外在环境。我们学圣学贤，最重要的是契入那份存心，这是会学的人。只学那些枝末，学十年、二十年可能徒劳无功。最直截了当是学存心。《孟子》有段话，对我的影响特别大。孟子说："君子所以异于人者，以其存心也。"你看圣人教诲，言语上都是去芜存菁，都是把一生领会出来的最精髓的智慧告诉我们。所以确实，一个人肯老实受教，那是人生最大的福分，不一定要垂垂老矣，才会学有所成。

古往今来，太多的读书人很年轻的时候就有高深的学问。我们在古书上看到，十八岁就能当县长。为什么？因为他从两三岁开始读书，他读书的目的是什么？诸位同学，我们读书的目的是什么？我读了十八年的书，没有老师问过我；假如有老师问过我，我相信我会思考一下。在初中，一天考五科、考六科，同一个题目不知做了多少次。训练出来什么？写考卷的机器。而我们回首来时路，这些考卷，里面的内容百分之多少对你的一生有长远的影响？几乎没有。

本末倒置的结果

我们刚刚读《大学》，"其所厚者薄"，人生最重要的思想忽略了；反而重视人生的枝末，知识、技能是枝末，“其所薄者厚”。这叫本末倒置。会有什么结果？现在很多大学生出现状况，觉得不能再这样下去。比方某所大学刚开学一两个月，一个学生因为学校餐厅的菜不好吃，又要自己洗衣服，所以他很烦，最后自杀了。这是千真万确的事情。你看现在的大学生承受挫折、独立生活的能力如此之差。

再来，有个大学生打电话给他父亲：“我生病了，必须要一千两百块的医药费，你赶快帮我寄过来。”父亲听完心急如焚，在乡里到处借钱。他的孩子去念大学，可以借的都借了，村民看到他，都有一点害怕，但确实他是为了孩子读书，有时候也会两肋插刀，把钱借给他。那次大家也很困难，最后只借到三百块钱。父亲回来后，眉头深锁，孩子的爷爷了解了情况，“这样吧，把我那副棺材也卖了”。那叫棺材本，乡下老人的棺材都先买好。把棺材卖了，勉强凑了一千两百块。

父亲不放心，怕汇丢了，没跟孩子打招呼，直接坐车去，要亲手把钱拿给孩子。到了宿舍，他很紧张，问儿子的同学：“我儿子在哪间医院？”同学莫名其妙，说：“你儿子又没生病，跟女朋友去拍艺术照了。”去拍那种很美丽、很英俊的照片，拍那种照片很贵，一千多块。

这个父亲因为几天来极度忧虑，一听到这个消息，当场昏过去。过了没多久，慢慢苏醒过来。这时候，刚好他的儿子回到宿舍，父亲跟他讲:“儿子，你怎么可以做这样的事情？”儿子不只没有惭愧，还跟父亲讲：“我的同学都这样。”这个言语的背后，代表多少大学生现在是用父母的血汗钱在那里挥霍。我们思考一下，这样的大学生纵使踏入社会，我们能期望他利益社会吗？读过《大学》都知道，不可能！因为家齐而后国治，连自己的家，连自己最亲的父母，他都不会去关怀、照顾，我们还期望他能够利益这个社会？无有是处。父亲听到这话，非常无奈，对儿子讲："你简直不是人！你比畜生还不如！"气得走了。

诸位同学，这样的事是结果，原因在哪儿？一个大学生，年龄也不大，他做出这样忤逆父母的行为，请问他愿意吗？但是已经有一个力量超过他尊重他的父母，什么力量？欲望的力量。我们从事教育的都非常清楚，"禁于未发之谓豫"，习性不能让它发作。发作起来要再把它压下去，容不容易？难。所以中国人的思维相当不容易，都是防微杜渐，教育是"禁于未发"。

二、道在哪里？

恭敬心是道，仁慈心是道，孝心也是道

我们常常挂在口上的，中华文化源远流长，博大精深。诸位同学，学习首重专注，有专注，心才定得下来，定静安虑。有同学上去擦黑板，你们不能注意力就飘到那里去，我的心灵非常脆弱，我会觉得受伤了。所以，处处留心皆学问。你今天去谈生意，好不容易来个欧洲的客户，谈了半天，突然有个美女走过去，你实在忍不住，抬起头来看了两秒，这个客户心里怎么想？好不好受？他本来很有灵感，结果现在没灵感了。所以我们的举手投足，都会让人对

我们产生一种印象。

所以《中庸》才说："道也者，不可须臾离也。"道是什么？恭敬心是道，仁慈心是道，孝心也是道。仁爱的心从哪里出来？当我们使用完这个教室，我们会想到，我们出去以后又有其他同学来用，所以不要搞脏，应该给后来的人留一个清洁的学习环境。这颗心是什么？仁慈之心。我们还可以想到，不把教室弄得太乱，服务的这些长者就少很多辛劳。所以仁慈之心在哪儿？在生活的点滴当中。

诸位老师，一个人的道德、学问什么时候提升？不是念了《大学》一千遍，境界就提升了。最重要的是落实到什么样的程度，那叫实学。读了一千遍，都没有做到，不只没有好处，很可能形成坏处。因为《弟子规》告诉我们，"不力行，但学文"，你不照着《大学》去做，"长浮华，成何人"。《大学》教我们什么？"自天子以至于庶人，壹是皆以修身为本。"要让家庭好，不是去要求家人；要让团体好，不是去要求别人。我们今天当会长，当某个社团的负责人，莫向外求，要了解"一家仁，一国兴仁；一家让，一国兴让"。我们有仁慈之心，我们有礼让的态度，整个团体的氛围就会被带动起来，这是你懂得处世待人的正确态度。

当我们时时有仁爱之心，能够礼让，每一年的境界都会不一样。读书贵在变化气质，一个人有没有学问，看脸就知道。为什么会变化气质？气质会变的根源在哪儿？还是在心。十年后，你的朋友看到你说，你怎么跟十年前一样年轻？那你的学问不错。最起码代表你的忧虑很少，忧虑少，心才会正。忧虑多，心不能正；心不正，身就不能修；身不能修，家就不能齐。

我们注意观察，为人父母者，每天杞人忧天，每天在那里唉声叹气，请问能不能教出很乐观的孩子？不可能！怎样让自己的心正？确实我们愈深入经典，愈能真正对我们的老祖宗生起无比的崇敬之心。不是在那里念课本，“源远流长，博大精深”，然后就生起恭敬心，不可能。世间好话，中国的圣贤都说尽了，而这些话，足以让我们的人生少走几十年的弯路。

诸位同学，人生这么多年走过来，你们走得很轻松吗？我觉得我走得很累，而且都不知道为什么会累，为什么看起来会这么苍老。后来才知道根源所在，一个人苦就苦在求不得，求不得苦。结果老祖宗一帖药就把它治好了：“人生解知足，烦恼一时除。”人生假如懂得知足常乐，哪里来这么多忧虑、牵挂？可是很多人又想，知足，吃得又不够好，穿得又不够好，这样会不会很委屈自己？其实真正知足的人，当下已经在积累他的福分，知足的人有德行，就有福；知足的人能以他的有余，去奉人家的不足，去接济一些生活更贫苦的人。愈接济人，他的福分就愈大，走到哪儿都有福，因为他为人着想。“我为人人”，结果是什么？“人人为我”。

我们为什么不能契入圣贤的那种人生境界？圣贤的人生境界是什么？爱人，敬人。孟夫子说了这段话：“君子所以异于人者，以其存心也。君子以仁存心，以礼存心。”“以仁存心，以礼存心”，表现出来的行为是什么？“仁者爱人，有礼者敬人”，有礼貌的人懂得恭敬别人。而爱人、敬人会得到什么样的回馈？“爱人者，人恒爱之；敬人者，人恒敬之。”诸位同学，当周遭的亲友都对我们爱敬，日子好不好过？太好过了！问题在于自私放不下，所以就不肯知足，不愿去奉别人的不足，当然就感不得别人的爱敬。

古代有些员外乐善好施，一看到贫苦，一遇到灾荒，马上开仓救人。我们观察一下他的后代子孙，可以兴旺好多代，正如《易经》说的，“积善之家，必有余庆”。因为他是用至诚的心去帮别人，这些人时时想着有什么机会可以帮帮他。你用真诚对人，人家也用真诚对你。假如你们家突然起一点火苗，他以百米赛跑的速度，把水浇下去，他觉得很光荣。人心是很厚道的，大家都想要来帮忙。一般来说，“面朝黄土背朝天”的人对天地都有敬畏之心，他们都非常惜福，他们知道每颗稻子、每棵蔬菜长出来都有一长段时间的酝酿，都是不容易的，不能糟蹋食物。

但是假如当员外的很有钱，为富不仁，旁边都有人饿死了，还是不接济，圣贤人说“积财伤道”，就伤了做人的道。不去接济这些贫苦的人，请问他的孩子学到什么？你看人私欲很重，往往把智慧都掩埋了，都看不到未来，逞一时的好恶而已。他的孩子学到什么？学到贪利，学到自私！后代子孙学到这个，请问家风还能下去吗？再大的财富也挡不过一种人花，那就是不肖子孙。一个不肖子孙，两三代的财富可以瞬间一笔勾销。赚钱的人会比较省，没有赚过钱的人，花起钱来怎么样？很阔！

所以人算不如天算！循着上天的好生之德，家风才能不败。你看他为富不仁，突然家里起火了，会发生什么情况？不只没有人来帮他灭火，所有人站在那里围观，“苍天有眼，烧得好！”所以很多人生境界，唯有你依照真理去做，才能体会个中道理跟喜悦。学问不是我们在那里想，然后你就悟入；靠着身体力行，才能体会到。

为父之道，为母之道

我理解到求不得是人生最大的苦，人生不去求，苦大部分就不见了。不去求不是每天没事干，是付出不求回馈。为什么？都是我们应该尽的本分，所谓“为人君，止于仁；为人臣，止于敬；为人子，止于孝；为人父，止于慈；与国人交，止于信”。诸位同学，这句话是谁应该做的？每个人都应该做。你说：“我又还没当爸爸！”你是等你儿子出生那天才来学当爸爸？“凡事豫则立，不豫则废”。你没有做好准备，突然当了爸爸，你会惊慌失措。很多人是儿子生出来得抑郁症，没做好准备要当妈妈、当爸爸，每天都很烦恼：“儿子在那里活生生的，我怎么教？怎么带？”

所以，每一句圣贤的教诲，包括我们国家领导人的智慧语录，都跟我们每个人息息相关。为什么？修身，齐家，治国，平天下。诸位同学，这是几件事？四件。“身修而后家齐”，是！身修了，焉有不家齐的道理？“家齐而后国治”，为什么？家真的齐了，父子有亲了，把孩子教得很好，你走到哪里，人家都很羡慕，问你儿子怎么教。我们在很多地区都用《大学》，用这些经典教孩子，孩子从小就非常会替人着想。有位妈妈就说，亲戚结婚请客，请了几十桌，她把孩子带去。孩子去了以后，对每位长辈说：“叔叔好”“阿姨好”。结果这场婚宴，主角换人了，所有家长都在那里赞叹：“这个孩子到底怎么教的？怎么这么有礼貌！”都围过来问她怎么教孩子。

所以，齐家就影响你周遭的人。中国话讲“水到渠成”“君子之德风，小人之德草”。真正我们修身做得好，德风自自然然吹出去。这个影响力不是刻意的，刻意的那叫沽名钓誉，俗话讲，“桃李不言，下自成蹊”。人生能产生很大影响，不是等长大，读圣贤书的孩子，从小就在影响整个社会。

深圳有个孩子，六岁。这个孩子还没学传统文化以前是什么样子？他有外公外婆、爷爷奶奶，他父亲有四个兄弟姐妹，他妈妈有三个兄弟姐妹，所以他有两个叔叔、两个姑姑、三个阿姨。他是他们那一代的第一个男孩，他的爷爷说：“看到这个孙子就等于看到我，骂他就是骂我，打他就是打我。”谁敢动他一根汗毛？这样的孩子会成什么样子？人没有理智，说他去爱护别人，无有是处，爱之适足以害之！

我很喜欢研究各地方的俚语，其实做人最重要的就是懂得珍惜。各地方的祖宗，中国的祖宗真的是太特别了，特别厚道，都会想到世世代代。你到其他国家或民族去看，有没有这样的祖宗？太少了！我们的祖宗是想千年万代，就是因为有这个存心，我们的文化才能承传四五千年不断！诸位同学，人生没有一件事情是偶然的，都有它的原因在。

我是闽南人，俚语里面就有一句，扣住了一个“宠”字。宠爱宠爱，真正宠的是不是爱？宠害，宠了就害死他。“宠猪举灶，宠子不孝，宠某妻吵闹，宠夫半夜爬起来哭，宠查某子（宠女儿），未落人家教”，一句话把人生太多的哲理都含摄在里面。你看现在很多家庭里面的烦恼，都在这句话里。根源就在没有理智地去爱亲人，把他害了，爱之适足以害之。

你看杀父害母的这些孩子，请问父母不爱他吗？有个二十出头的年轻人，父母非常有钱，从小让他挥霍。到最后父亲实在是受不了了，一个月要花上万块，就想了个办法，通过很多关系，让他去新疆当兵，想让他在这两年好好磨炼一下。你看这个父亲有没有本事？很有本事。两年后回来，奢侈的态度没有变。从这里我们就了解到，“由俭入奢易，由奢返俭难”，还是改不掉，一直跟父亲要钱。父亲最后翻脸了，说从此以后不再给他钱。

请问这个年轻人会怎么做？这个时候还会念及父子之情吗？咬牙切齿，你不给我钱，坏念头就出来，雇了杀手要杀他父母。他站在他们家门前，跟杀手讲，这个人会怎么出来，会穿什么衣服，哪些情况，讲得一清二楚。杀手非常惊讶，就问他，你怎么这么清楚？他说那是我爸。把父亲杀了以后，进屋去，因为他父亲管钱的钥匙在母亲手里，把母亲也杀了，把父母都杀了。请问他的父母不想爱他吗？想！天下父母心，太多的父母想把孩子教好，但是怎么样？不懂！“人不学，不知道”，不知道为父之道、为母之道。所以现在的家庭里面，还有人与人相处都很苦，苦在不明理，苦在做错很多事而不自知。

所以，猪都不能宠，你宠猪，以后跑到你的厨房，把你的灶台都掀掉，真的！你看现在的人家养狗，狗跳到沙发上，主人很生气，“你再不下来，我就揍你”，狗理都不理。为什么？这只狗已经把主人的底线摸得一清二楚。狗都能摸到，何况是人！畜生都不能宠，儿子能宠？儿子宠下来，晚年凄惨。有父母生了六个儿子，给他们娶了老婆，买了六栋房子。统统给他们了，请问结果是什么？你们都有先见之明，太有智慧了。结果老两口没有地方住。所以，假如不让孩子养成孝心、感恩心，你做得愈多，愈得不到回馈，因为他觉得都是应该的。

夫妇相处之道

我们接着刚刚说的，宠就不是真正爱护小孩，很可能因为宠，让他的人格偏颇。对孩子太宠，他就会不孝。再来，对女朋友、对太太能不能无理智地去宠爱？她不高兴了，就跟你闹一下，你就要从公司赶快跑回来，安抚半天，然后带她出去买衣服，买一买衣服她舒服一点。隔两天又给你打电话。这样的先生一定是抑郁症的高危人群，他每天在那里工作能安心吗？每当电话响起，他会怎么样？“会不会是我老婆又打来了？”每天都心有余悸。我们看历史上非常有成就的圣哲人，一个成功的男人背后都有一个伟大的女人，能让他没有后顾之忧。所以，太太一定是能为大局着想的人。

你看我们现在的男人，懂不懂得怎么挑老婆？“桃之夭夭，其叶蓁蓁”“之子于归，宜其家人”，是可以让他的家风兴旺。兄弟都会觉得，弟弟娶这个太太回来，我们家很多事情都处理得非常妥善。所以中国人说，娶个好太太可以旺三代，娶个不好的太太会败三代。所以，诸位同学，娶太太可不是只关你自己的事，攸关家族兴衰，攸关三代的命运，能不谨慎吗？

但是我们想想，现在男孩子找对象，第一个标准是什么？（答：漂亮。）你们怎么都不含蓄一点，直接就把答案说出来。那你再洞察机先，一个很漂亮的女孩子，代表什么？假如从小很漂亮，走到哪儿，人们看到她，第一句话是什么？“怎么长这么美丽！鼻子长这么挺。”从小被这样称赞，听久了，“其所薄者厚”，她觉得什么最重要？脸蛋最重要。她的时间都花在哪儿？脸上。花在脸上，她心里面的道德学问会高吗？相对就不容易了！

我们有个老师，她是幼儿园园长，她说他们幼儿园来了一个女孩，五六岁。漂亮到什么程度？这位园长是女士，她说看她第一眼，不敢再看第二眼。你就知道那种吸力太强了，除非是英雄，不然过不了！这个孩子常常在上课的时候，有事没事就拿出镜子照一下，过一会儿又照一下。请问她能把书读好吗？而当她注重外表，最难抵抗的就是甜言蜜语。

所以我在教书的时候，看到那些学生长得特别漂亮的，我都冷汗直流，你看我还是有忧国忧民的情怀。我们了解到教育要“禁于未发”，要先打预防针。所以当老师不容易，要处处替孩子设想未来。我就跟他们上了一堂男女关系的课。六年级该不该上？不上不行！为什么？上了初中，听的都是那些“给你爱爱爱不完”“给我一杯忘情水”，先入为主，就觉得人生不爱得那么痛苦，就等于白活。这样的想法对不对？那叫自讨苦吃。

我就告诉他们，男女相处要经历相识、相知、相惜、相爱，之后才走入婚姻。讲婚姻的时候，还特别强调要懂得互相尊重、互相爱护，要好好经营。结了婚，不是像那些漫画书说的“从此就过着幸福快乐的日子”，那都是骗人的。

我们看相识。男孩子遇到你，他都不知道你是圆的，还是扁的，马上说要追你，说他很爱你，一定是假的，这是不正常的。假如见第一次面就说非你不娶，非你不嫁，一定是假的。现在不只男人会骗女人，女人也会骗男人，所以诸位男孩也要注意。一下子从相识就跳到这里，都是不正常的。而且我们还要教导孩子学会判断，什么才是真正懂得爱人？但是这个一讲又太长，欲知后事如何，且听下回分解。我们先来讲这边。

很多道理，你要把它了解清楚，面面俱到，真的要用心、下功夫，不然都会有所偏颇。刚刚我们提到找太太的第一个条件。“物有本末，事有终始，知所先后，则近道矣”，娶太太，最重要的是她的德行。老祖宗有没有教？教得可清楚了，我们不看！老祖宗对得起我们，是我们对不起他们。《诗经》是五经之首，第一篇是什么？《关雎》。《关雎》讲什么？“关关雎鸠，在河之洲；窈窕淑女，君子好逑。”什么是窈窕？我有一次在中学演讲，我问什么叫窈窕，学生说身材姣好的女性。当他回答完，我深深感觉到有很多老祖宗在那里哭泣，他们蒙受不白之冤。“窈窕”是指有贤德的女性。你看头篇就告诉我们，五伦关系要能发展得非常好，根源在夫妇。没有老祖宗的引导，我们很难洞察这里面妙的变化。

你看夫妇相处，还有父子、君臣、兄弟、朋友，人与人的关系能处好，你人生的问题都解决了。所谓人无伦外之人，没有一个人跳出五伦关系之外；学无伦外之学，学问也没有跳出五伦的。一个人懂得孝养父母，孟子说“亲亲而仁民”，那颗孝心、恭敬心内化了，他会推己及人。他会了解到每个人都有父母，每个人都有孩子，你不恭敬他的父母，孩子很伤心；你不爱护他的孩子，父母很难过。一个有孝心的人，不愿看别人的父母难受，这很自然。

“亲亲而仁民”，爱护所有的人民。这颗爱心进一步能推演到所有的动物跟植物，仁民而爱物。人有孝心、有仁慈之心，跟自然就能和睦相处，因为他那颗仁慈心已经内化了。所以人与人的关系能处好，跟大自然的关系可以水到渠成。但是连对父母都不孝，存心会非常自私。他不只会跟人竞争，还会肆无忌惮地掠夺整个大自然的资源，到最后我们生存的空间都很难长期保持下去。

现在大自然被破坏得严不严重？速度太快了。几十亿年形成这么美丽的地球，请问人的自私可以在多短的时间之内把它摧毁？这个都要深思！人不厚道，只贪眼前的利益，没有想到后代子孙。所以我常讲，中国几千年的历史文化，只有一代人会被后代骂得很惨？哪一代人？你们认不认识？你们怎么这么无辜的样子？告诉你们一个事实，就是我们。我们的下一代会对着我们的坟墓说："你给我们的是什么思想？让我们父不父、子不子、君不君、臣不臣。你给我们的是什么水？都不能喝了。你给我们的是什么大地？统统过量喷洒农药，都长不出草来了，你给我们的是沙尘暴。"假如真的是这样，这时候我们的在天之灵会不会安稳？很可能从天上被骂得掉下来。

这个微妙的关系我们来看看。夫妇是五伦的核心，夫妇关系形成，才有父子，才有兄弟。孩子的人格从哪里养成？从父母这个榜样。所以中国人说，"三岁看八十，七岁定终身"。对中华文化研究很透彻的人都是自己带小孩，孩子在三岁以前，夫妻全力配合把孩子教好。三年扎下了根，往后怎么样？轻松多了。这三年根没扎下去，请问这个孩子他要担忧多久？一辈子。所以谁最懂得投资回报率？能够防微杜渐，能够高瞻远瞩的人，才真正懂得投资回报率。现在全世界搞经济开发，好像快速赚很多钱，但毁掉的地球资源，花再多的钱可能都弥补不回来。

关于生孩子的事情，很多人是怎么打算的？准备生了孩子，让他到国外去留学。回来的时候，就有个长那么高的人叫他爸爸、叫她妈妈。把孩子交给谁？交给爷爷奶奶。这样孩子跟父母能亲吗？所以我们劝这些朋友，假如没打算在孩子三岁前全心全意照顾他，把他的存心、把他处世的态度扎好，你没有这个准备，不要生孩子，不然到最后孩子很难带。所以确实，很多道理、真理超越时空，不会受影响。

道法自然

夫妇关系好，孩子在这样的环境当中成长，人格非常健全。现在孩子为什么脾气那么大？这是结果，原因在哪里？我是因为从事了教育才开始思考，孩子为什么会有这些行为？去找源头，慢慢才体会到，源头在家庭教育。我就反观自己，我处世的态度都是受父母影响。我父母没有吵过架，我有两个姐姐，我们三个孩子不知道怎么吵架。人家对我们很大声，我们都不知道要说什么，有时候又很紧张，从来没有去跟人家争吵，因为没学过。父母在我们面前，从来没有谈过哪个朋友的是是非非，所以我们也不会批评别人，批评起来就觉得很别扭。长养一颗仁爱的心，没有对立，没有冲突。

所以，好的人际关系什么时候学？哪是大学毕业，去参加人际关系学大师卡耐基的培训，三天出来，人际关系就变好了？有没有这种事？凡事要道法自然。在爱的环境当中成长，孩子就学会爱人；在没有爱的环境当中成长，孩子没有自信，没有安全感。走到外面，处处想要控制，因为他没有安全感。这样的人面对男女感情，会有特别多的挫折。所以幸不幸福，在家庭当中就埋下根基。夫妇关系好，父子就有亲，因为是爱的环境。父子有亲，孩子懂得感恩父母，做人感恩的态度就形成。当他走进社会，遇到提携、照顾他的长者或上司，他就懂得尽忠。你看中国话都是相当有含义的，“求忠臣必于孝子之门”。连对父母的恩德都起不了孝心，还想着他在你的公司会效忠你？不可能。

所以《孝经》里说：“事父孝，故忠可移于君；事兄弟，故顺可移于长。”那都是道法自然。事父孝，所以忠可移于君；事兄悌，懂得友爱兄弟姐妹，他那种替人着想的心在家里形成了，出去念书、工作，跟同学很自然就处得好，跟同事也处得好，自然发展！“事兄弟，故顺可移于长”，懂得对人恭敬。“居家理”，在家里被子都叠得很好，自己的工作都做得非常稳妥，房间也很整齐。这种做事的能力内化了，看到不整齐，自然就把它摆好，心时时都在定中。“故治可移于官”，以后当官，这个能力自然就流露出来。所以，夫妇这一伦正了，五伦自正。

我们常讲“君子务本”，五伦的本在哪儿？在夫妇关系。所以现在要让整个社会风气改善，最重要的榜样是什么？夫妇和睦。诸位同学，你们都还没有结婚，你们结婚的时候，要立志向。学问能不能成就，关键在哪儿？立志。假如求学问都不立志，那叫玩弄学问，拿着学问来消遣消遣。自己很无聊，拿起来，“大学之道，在明明德”，人家说，“这个人怎么这么用功”，自己还有点骄傲，那是消遣圣贤教诲。圣贤人对我们是什么态度？是时时要成就我们的人生，我们不能用玩弄、消遣的态度去对待。

修身之道：慎于始

接下来，丈夫不能宠。宠坏了，他习性养成，在外面流连忘返，这都是没有“慎于始”。一开始，你就要有原则；你没有原则，他就会攻城略地，得寸进尺。当然，最好是在挑的时候就要注意。已经结了婚，就比较辛苦一点。所以，圣贤人说“慎于始”，大学问！

诸位同学，什么时候“慎于始”？无时无刻都要慎于始。我们今天上这堂课，是不是慎于始？是！假如一开始你说今天很累，待会儿坐在角落睡一觉好了，那这节课对我们来讲，就没有产生什么作用。再来，我们现在读《大学》，请问我们读《大学》的态度是什么？应该把《大学》里的每一句变成你的生活，要有这种态度你才能得利益。有解无行，读了这个书，没有去行，增长我们的傲慢。《弟子规》说：“不力行，但学文，长浮华，成何人。”我们读这些圣贤书，没有力行、慎于始的态度，这些学问对我们的人生反而是一种障碍。所以，态度决定我们的成就，不是成功以后再来修正态度。当我们明白道理以后都是开始，“从前种种，譬如昨日死；从后种种，譬如今日生”，人生只要肯开始，永远不嫌晚，都可以转危机为转机。

在这个社会，我们读书是志在圣贤，读书是为了利益家庭、社会。而现在社会最缺的是什么？最缺的就是夫妇这一伦的好榜样。所以，诸位同学，以后你走向婚姻，一定要有志气，我要当天下夫妻的榜样。肯不肯？大家点头的时候，我们的老祖宗掉下了欣慰的眼泪。真的，这就是读书人的态度。一个人一生能对这个社会，乃至世世代代有多大影响，取决于他的存心。人的心量是想到三十年，就能有三十年的影响；人的心量是想到千秋万代，就能产生千秋万代这样久远的影响。孔老夫子为什么历经两千多年，依然受到这么多人的尊敬爱戴？原因就在他考虑到的是千秋万代。他的存心是"动而世为天下道，行而世为天下法，言而世为天下则"，一言一行都要对千年后的人有个交代。他有这样的心量，所以能有这样的影响。

你看范仲淹，他的家族到现在已经一千年，家风不衰，都不是偶然的，那是因为他有"先天下之忧而忧"的胸襟。而且他的影响不只是当时，之后的上千年都受到他的影响。所谓"行为世范"，范公的风范成为世代的典范。有这样的定位，那我们做很多事就会觉得很踏实。

最后，"宠查某子"，这是宠女儿，"未落人家教"，就是嫁到别人家里会搞得鸡犬不宁。现在这样的例子可不少，嫁过去当媳妇，在那里发飙完，回到娘家，父亲不只没有骂她，还偏袒，"来来来，父亲给你当靠山，你不用怕"。岳父大人这么做，好还是不好？是不是爱他的女儿？夫妻相处，哪一门功课是必修？与人相处，没有忍耐的能力，能把关系处好吗？不可能。我们能去要求先生做的事、讲的话，都符合我们的要求吗？我们能去要求所有同事的习惯，都符合我们的要求吗？那是不可能的！所以要学习忍让，学习包容；没有学到，一生不可能幸福。可是这个父亲有想到吗？所以修身、齐家，没有修身的智慧，孩子不可能教得好。

传家之道

我们来看一段话：“诗书为起家之本，勤俭为治家之源，和顺为齐家之风，谨慎为保家之气，孝悌为传家之方。”我们看第一句，“诗书为起家之本”。“子孙虽愚，经书不可不读”，一个家族会兴旺，关键在明理，不明理一定把家搞得乱七八糟。诗书把人生的哲理展现出来，让我们去学习。所以，一个家族能不能兴，有没有读圣贤书就看得出来。

再来，“勤俭为治家之源”。没有勤俭，这个家没有办法维持。曾国藩讲，家败，败在一个“奢”字；人败，败在一个“逸”字。刚好跟勤俭颠倒，点得非常清晰。所以勤俭才能持家，不然再大的家产一定会败光。

“和顺为齐家之风”。所谓家和万事兴，一个家庭吵吵闹闹，迟早会败丧。

“谨慎为保家之气”。在哪里谨慎？在我们的处世待人。所谓财色名食睡，都是欲望、诱惑，一不小心陷进去，这个家就败丧了。之前有个大学经济学院的院长，因为贪色被解雇了。他还是那个地区的城市发展决策委员之一，那么有影响力，修身不谨慎，家败了，事业败了。他对不起谁？对不起的不只是家人，他还对不起他的学生，那么多学生都被他教过，本来很尊敬他。学生对老师失去信心，那会影响学生一辈子。他也对不起整个社会对他这么多的栽培。谨慎重要！

再来，“孝悌为传家之方”。那些家风五代十代没有退的，一定都有孝悌传家。而且孝悌传家，不只影响他的家族，很可能影响天下。因为孝悌是人本善里面的东西，他演出来，会唤醒人来效法。周朝绵延八百多年，关键就在这两个字。你看“孝”，周文王对他的父亲王季非常孝顺，早中晚三次问候，“晨则省，昏则定”做到了。周武王对周文王非常孝敬，周文王生病的时候，他守在旁边照顾十二天，没有解开帽子。“悌”更不用说了，泰伯和仲雍把天下都让给兄弟季历。周公在周武王生病的时候还向天祈求，折损他的寿命，让他的兄长延寿。这种孝悌之风传到天下，这个朝代才能绵延八百多年，这都不是偶然。

诸位同学，我们看这一段就能了解，修身、齐家、治国、平天下是一件事。没有读诗书、没有勤俭、没有和顺、没有谨慎、没有孝悌的修身态度，哪来的齐家？再来，请问治理一个国家需不需要这些东西？没有诗书，所有为国家服务的人都胡思乱想，怎么给人民带去福利？

再来，一个国家，假如主政者不勤俭，会怎么样？你看夏桀，败掉了，为什么？他拿的是象牙筷子。象牙筷子要配什么碗？配什么酒杯？配犀牛角的杯子，都配金器、银器。金器、银器端什么菜？会不会是青菜豆腐？不会，是山珍海味。吃山珍海味会不会穿个T恤？会穿什么？绫罗绸缎。穿绫罗绸缎，吃山珍海味，会不会坐在一个小木屋里面？会盖什么？高楼广厦。跟谁要钱？跟百姓要钱。你要他们的钱，他们要你的什么？要你的命！所以“一人贪戾，一国作乱”。很多谏臣跟夏桀讲，你这样会失天下。夏桀讲：“太阳哪有灭亡的？”这句话传到百姓那里，百姓回了一句话，“吾与汝偕亡”，翻成白话就是：我跟你拼了！“得民心者得天下”，所以治国依然是这些原理原则。

我们看和顺。家和万事兴，国家和顺，民族才会兴旺。所以我们汉满蒙回藏苗瑶诸族合在一起，和顺之气。再来，谨慎。领导者需不需要谨慎？一失足成千古恨。你看唐玄宗不够谨慎，本来是“开元之治”，到最后变成什么？“安史之乱”。他对得起广大人民吗？最后，讲到孝悌可以治家，同样可以治国，可以平天下。所有齐家、治国、平天下的原理原则，都源于修身。所以，“自天子以至于庶人，壹是皆以修身为本”。本找到了，“本立而道生”。什么道？你的家道生了，你的企业之道生了，经营一个国家，也能够有很好的发展。

我们有了这样的认知，往后读这些圣贤的教诲，都可以用在修身、齐家、治国、平天下上面。我们国家的领导人曾经讲过，“常修为政之德”。这个“政”是什么意思？中国字很有意义，都把义理开显出来。“常修为政之德”，强调的是什么？修身！这是把中华文化读透了。为政，德行是关键。我们注意，“政治”是管理众人之事，你当父母，要不要管理众人之事？你当企业领导人，要不要管理众人之事？所以这话不只是讲给为政者听，家庭、企业都要好好学习为政之德。

“常念贪欲之害”，贪欲很可能会让自己身败名裂，贪欲之害，要谨慎！“常怀律己之心”，严于律己，宽以待人。因为我们都很清楚，“上行下效”，都很清楚《论语》说的“其身正，不令而行”。一个家庭的父母，一个企业的领导者，乃至政府的负责人，都是所有人学习的榜样。只要他正了，所谓上行下效，自然就风行草偃。所以，律己从自身做起，就能影响一家，影响一个团体，乃至一个国家。

好，我们今天的课就上到这里。谢谢大家！

三、问答实录

问：我一直有个问题，国内的同学想出国念书的话，是非常费劲的一件事情，可是在国外会有更好的研究条件，确实比较想出去，这算不算一种欲望？应该怎么处理？老师给我们一些建议。

答：《论语》里面提到，分辨君子跟一般的人最关键的点在哪儿？义还是利。而义利之分在我们的存心，我们出国留学的目的是什么？你的目的是什么？

问：我是学经济学的，经济学的主要理论就是西方的，出国留学，就好像唐僧去西天取经一样。假如学核工业，可能就不需要出去了。

答：你看你的存心很好！你的存心就是我要把经济学学好，回来后可以让国家的经济提升。所以最重要的是看清楚自己，很多问题不需要问别人。

我们再来思考另外一个问题，很多经济学教授在台上讲得口沫横飞，他一个月赚多少钱？这个方法假如是放诸四海皆准，那首先富的是谁？教授。君子务本啊！曾经发生一件事，非常有名的一个心理医师自杀了。假如这门专业能够解决人的问题，那为什么他是最顶尖的，最后却会自杀？所以，诸位同学，在这个时代要冷静，不是外国的月亮比较圆。

我们冷静思考，现在青少年的问题严不严重？请问是谁教出来的？都是这种功利主义。飞蛾扑火，全世界都来学这个功利主义。几千年教出来的孩子知书达理，懂得孝养父母，只有一个中华民族，结果我们自己没有信心。20 世纪 70 年代英国一位大历史哲学家汤恩比教授讲过：解决 21 世纪的社会问题，要靠孔孟学说跟大乘佛法。方法在中国，结果我们跑到国外去学习。

我们再看，全世界五百强企业的平均寿命多长？四十年。这个值得我们思考，全球五百强，强不强？中国的同仁堂三百多年，比美国建国史多一百零七年。它为什么可以绵延三百多年，到现在还是很被推崇？从它的名字有没有看出来？同修仁德，一视同仁，这种存心与天道相合，福分是愈积愈厚。不是念念为人民，还是有私心，私心愈重，企业的寿命愈短；愈有仁慈之心，企业的寿命愈长。范仲淹的家族不算企业，到现在已经一千多年。我已经遇到他好几个后代，脸看起来都大大的，耳垂都很大，好多都在当老师。其中有一个在海口一所著名中学当中文老师，女儿在北大中文系念书，家风传得很好。

我们看同仁堂，它有没有强调一大堆的策略、一大堆的技巧？在上一次 SARS（非典）风暴的时候，药规定只能卖七块，但本钱是九块，所以每卖一包药亏两块。按照经济学来讲，干不干？不干！但同仁堂不只是卖，还把很多生产药酒的生产线停掉。什么产品最赚钱？药酒！把它停掉，加班加点生产。所以总共卖了三百万包，亏了多少钱？六百万。记者问：“亏本的生意为什么要做？”回答说：

“这样的事，同仁堂不是第一次做，这一次也绝对不是最后一次。”

所以，诸位同学，这个时代真实的学问到底在哪儿？我们要冷静。真正的经济学就在这本《大学》里面，其中有两句是企业的大根大本：“德者，本也；财者，末也。”2001年，全球第七大企业安隆集团，营业额几千亿美金，因为两个主管在财务上做手脚，宣布破产。这个时代本末倒置的现象非常多！

你看父子关系本末倒置了，孝子孝子，本来是孝顺父母的叫孝子，现在比谁最孝顺儿子，颠倒了。你看君臣关系，以前为人领导者，都知道“其人存，则其政举；其人亡，则其政息”，《中庸》说的。你能举一个贤才，这个贤才不知能帮你带来多少有德之人。所以舜帝太厉害了，他举一个皋陶，天下有德行的人统统都聚过来。宋朝最后败，原因之一就在失掉多少读书人的心。所以《资治通鉴》说“治本在得人，得人在审举，审举在核真”。

我们怎么举真正有德行、有能力的人？关键在“先自知”，我们自己都没有德行，如何去看别人有没有德行？“欲知人者先自知，欲爱人者先自爱，欲助人者先自助”。我们自己都帮不了自己，还在那里拍着胸口，“我可以给你幸福”，那是自欺欺人。“欲论人者先自论”，我们自己都还有这么多缺点，哪有什么资格去评论别人的是是非非！这是找到根本，“本立而道生”。所以《大学》讲，“有德此有人”，有德行才能招感来有德的人。

今天企业很有钱，用钱找来的人才，改天会怎么样？所以看得都不深远。有句话提到，“以利交者，利尽而交疏；以势交者，势倾而交绝；以色交者，花落而爱渝”。本末倒置了，人生会不胜唏嘘，很无奈。“以道交者，天荒而地老。”看一个主管值不值得跟随，怎么看？看他身旁有没有跟他五年十年以上的老将。假如企业都十多年了，旁边都是三个月、五个月的，这样的老板你小心一点，因为他留不住真的人才。

真的人才用钱请得到吗？用道义才请得到。你的企业有社会责任，才请得到这些人才；我们只是自私自利想赚钱，招感来的都是好利之人。“以利交者”，跟你之间的金钱利益差不多了，慢慢就疏远。因为你有权势才跟你交往，今天你不干这个职位了，会怎么样？本来门庭若市，马上变成门可罗雀。这时候你在那里感叹“人情似纸张张薄”，那也不对！行有不得，反求诸己，不懂得反省自己，一生怨天尤人。

我们看“以色交者”，你今天用美貌跟他交往，花会不会谢？“花落而爱渝”，渝就是变了，对你的爱就变了。所以多少女人想用脸留住先生，留住了几个？你看现在离婚率高不高？太高了。

最后，“以道交者，天荒而地老”。以道跟谁交？跟我们的伙伴、同事。你能财散，则人聚；财聚，最后就众叛亲离。你以为这样抱着钱，钱就是你的？不肖子就来跟你拿。很多人生的祸患、恶缘，就在我们存心不良。你存心良善，《易经》说“方以类聚，物以群分”，那些无德之人、奸邪小人看到你会不好意思，他知道你没有贪念，骗你也没用，所以就走了。你用这样的态度对你的员工，员工待得愈久对你愈忠心，人跟人“道义之交”，愈陈愈香。

你尽心尽力服务你的客户，每干一年你的客户就变成你的人脉。慢慢地谁帮你去做生意？做一年、做两年还靠自己，那都是没有抓到根本。你真正用爱心去照顾客户的生活，他们就是你最好的活招牌。所以有德才能感来好的人手，有人，才有市场，“有人此有土”。这个“土”以前是指国家，所谓八百诸侯，有一块地进行农业生产，经营各种事业，让人民都能有好的生活。在现在这个时代可以当作市场，你有发展的市场，自然而然能服务社会，然后带动财富。

有了财富可以怎么用？拿来买块手表，三十万，这样用好不好？有没有人这么干？某一家股票证券公司发展速度很快，都是几十倍增长。有一天跟同业一起到欧洲旅游，那个负责人就把手表拿起来：“你们猜猜这块手表多少钱，猜到就送给你。”所有的人都猜了，猜五万、八万、十万，都没有猜到，实际是三十多万。其实真正有洞察力的人，光从他亮这块表就可以察到他必败无疑。过没多久，这家公司果然倒了。他用错地方了！假如能用在员工，用在回馈社会，怎么可能会倒？所以用还要用对才行。

我们再来看，这个顺序不能颠倒。我们自己无德又没人手，遇到一个很好的发展机会，不是福！是什么？是祸！为什么？贪心。自己又没有德，又没有人手，就拍胸脯，这个我可以做，硬揽上来，到最后把事搞砸了，怎么对人家交代？以前有个数据，说我们的中小企业平均寿命多久？ 2.7 年。那根本就是玩办家家酒。在玩的过程，没有人，人家觉得他没有信用，企业就毁了。毁掉以后，要再爬起来容不容易？不容易。所以为什么中国人强调要道法自然？要准备好了才干，不要急，欲速则不达。

一个人要想事业长久，对社会做出贡献，根本在德。有德，慢慢地你就能展现这个影响。而且这个财很微妙，不是金钱而已。你有德行，有了人才，进企业的人都能感受到这个氛围，学习非常积极。所以除了财之外，还会出人才。因为你又把孝悌的精神融入企业，同事之间就像兄弟姐妹一样，哪有人到这样的企业会不想待下来！现在很多人去上班很痛苦，为什么？要看老板脸色，要看同事脸色。这样的企业会盛吗？败相已露。因为和顺为齐家之本。

所以《大学》就是经济学！你知道中国的财神是谁吗？中国的财神是范蠡，陶朱公。他真懂经济，他做到了财散人聚，真正做到“有德此有人，有人此有土”，所以他留名青史。我们看《商道》里面的林尚沃，他成功是不是搞一大堆理论、权术？他凭的是对员工的爱心，甚至于对所有商业团体的尊重，他知道唯有共存共容才是社会安定的重点。假如商团之间互相竞争、互相陷害，付出代价的是人民。所以人类这个竞争的思维要变，竞争转成合作仁爱，人类的财富可以翻好几倍。

我们从《论语》二十章来看，有没有哪句话教导我们为人要竞争？有没有一句？一句都没有！所以在这个知识爆炸的时代，我们要有能力去判断这个信息对我的人生是好是坏。好，这个问题就回答到这里，谢谢！

问：我觉得您说的这些，是不是对于比较强大的国家适用？我们现在经济上也没有那么发达，还有些国家经常对我们指手画脚。这套东西，以前为什么老祖宗会提？我们以前，像汉朝是很强大的，这是其中的原因。现在我们自己想学堂堂正正的那些，凭良心讲，但是对外交涉的时候，他们如果怀着欺诈之心，那我们不是明摆着被欺负？是不是我们国内应该提倡这种和谐？

答：自己家和谐，跟别人不和谐，这个麻烦了！《大学》说要“诚于中”，我们要重实质，不要重形式。中国几千年的历史，没有对其他国家发动侵略。郑和下西洋，经过一百多个国家，还把我们的一些科技带给这些人。所以他们走过的地方，现在还有很多郑和庙，感他的恩德。

强权、权势能撑多久？《弟子规》教了，“势服人，心不然；理服人，方无言”，以礼、以和气待人才好。我们要了解，不是人家欺负我们。孟子说，“人必自侮，而后人侮之”，是我们自己家不好了，人家才来侵扰你，才来毁坏你；你的家很团结，人家怎么会有机可乘？假如现在我们中国人了解到复兴中华文化，让中华文化发扬开来，把这份仁慈的信念带到全世界，增进整个地球的安定，当中国人有这份存心，中国将是全世界最受尊重的国家。你看在唐朝，邻近国家来跟我们学习，日本都是派整团来学习。我们要了解我们弱的原因在哪里，外在是次要的，从自身检讨才能抓到根本。

为什么在这一百多年来，列强这样欺负我们？最主要是我们忘记了老祖宗的教诲。唐朝为什么盛？清朝为什么败？兴盛在于重视中华文化，败就败在不重视中华文化。所以，中华民族再出盛世，要复兴中华文化。

诸位同学，真正的祸患，不在其他国家，就在自己的国家，就在自己的下一代。你看现在很多国家青少年犯罪率节节攀升，我们国家很有远见，了解到一个国家要长治久安，下一代要教好，所以重视青少年道德教育。其他国家重视道德教育，我们也是乐观其成，因为唯有共存共容，地球才会好。

这个时代，地球已经变成一个村落，哪个地方不好，都可能造成整个地球的灾难，所以我们要有心系整个地球的胸襟。很多人问我是哪里人，因为我走过不少地方，有时候都不知道怎么答。现在我知道怎么答："我是地球人！"我们是同乡。

好，我们就讲到这里。谢谢大家！

图书在版编目（CIP）数据

创造人生好因缘 / 蔡礼旭著. -- 北京 : 世界知识出版社，2021.11

ISBN 978-7-5012-6426-1

Ⅰ. ①创… Ⅱ. ①蔡… Ⅲ. ①人生哲学一通俗读物 Ⅳ. ①B821-49

中国版本图书馆CIP数据核字（2021）第222025号

创造人生好因缘

Chuangzao Rensheng Haoyinyuan

作　　者　蔡礼旭

责任编辑　薛　乾　　特邀编辑　杨　娟

责任出版　王勇刚

装帧设计　周周设计局　　内文制作　宁春江

出版发行　世界知识出版社

地　　址　北京市东城区干面胡同51号（100010）

网　　址　www.ao1934.org www.ishizhi.cn

联系电话　010-53606788 010-53609788

经　　销　新华书店

印　　刷　廊坊市海涛印刷有限公司

开本印张　710×1000 毫米　1/16　14印张

字　　数　150千字

版次印次　2021年11月第一版　2021年11月第一次印刷

标准书号　ISBN 978-7-5012-6426-1

定　　价　26.00元

（凡印刷、装订错误可随时向出版社调换。联系电话：010-53606788）